COMER COM OS OLHOS

Comida Cultura Cinema

(ORGS.)
Sabrina Sedlmayer
Rafael Climent-Espino
Luiz Eduardo Andrade

COMER
COM OS
OLHOS

Comida Cultura Cinema

autêntica

Copyright © 2023 Os organizadores
Copyright desta edição © 2024 Autêntica Editora

Todos os direitos reservados pela Autêntica Editora Ltda. Nenhuma parte desta publicação poderá ser reproduzida, seja por meios mecânicos, eletrônicos, seja via cópia xerográfica, sem a autorização prévia da Editora.

EDITORAS RESPONSÁVEIS
Rejane Dias
Cecília Martins

REVISÃO
Lívia Martins

CAPA
Diogo Droschi
(sobre a imagem do filme A hora da estrela, *de Suzana Amaral)*

DIAGRAMAÇÃO
Guilherme Fagundes

Dados Internacionais de Catalogação na Publicação (CIP)
(Câmara Brasileira do Livro, SP, Brasil)

Comer com os olhos : comida cultura cinema / organização Sabrina Sedlmayer, Rafael Climent-Espino, Luiz Eduardo Andrade. -- 1. ed. -- Belo Horizonte, MG : Autêntica Editora, 2024.

Vários autores.
Bibliografia.
ISBN 978-65-5928-381-1

1. Cinema - Aspectos sociais 2. Cinema - Semiótica 3. Cultura 4. Gastronomia I. Sedlmayer, Sabrina. II. Climent-Espino, Rafael. III. Andrade, Luiz Eduardo.

24-191612   CDD-791.43

Índices para catálogo sistemático:
1. Cinema : Arte 791.43

Eliane de Freitas Leite - Bibliotecária - CRB 8/8415

Belo Horizonte
Rua Carlos Turner, 420
Silveira . 31140-520
Belo Horizonte . MG
Tel.: (55 31) 3465 4500

São Paulo
Av. Paulista, 2.073 . Conjunto Nacional
Horsa I . Sala 309 . Bela Vista
01311-940 . São Paulo . SP
Tel.: (55 11) 3034 4468

www.grupoautentica.com.br
SAC: atendimentoleitor@grupoautentica.com.br

Cardápio

APERITIVO

9   CineSAL apresenta: comida em movimento
Sabrina Sedlmayer, Rafael Climent-Espino, Luiz Eduardo Andrade

BEBIDA

19   Portugal nevoeiro
Sabrina Sedlmayer

ESPECIALIDADES DA CASA

31   *Estômago* (o filme): a comida como sedução e poder
Teodoro Rennó Assunção

46   Comidas do sem fim em *A história da eternidade*
Luiz Eduardo Andrade

66   "É triste a pessoa gostar sem ser gostada": cinema-comida-poema em *Viajo porque preciso, volto porque te amo*
Otávio Augusto de Oliveira Moraes

76   Os cinco minutos mais belos da história do cinema brasileiro
Patrícia Mourão de Andrade

PRATOS INTERNACIONAIS

89   Comida e cozinha n'*A flor do meu segredo*, *Tudo sobre minha mãe* e *Volver*, de Pedro Almodóvar
Rafael Climent-Espino

111   O cinema gastronômico no século XXI: três pratos principais
Frank Padrón

VEGETARIANO

125   Escolhas em volta da mesa em *O raio verde*
Giovanni Comodo

SOBREMESA

139   *Xica da Silva*: entre sabores e indigestões
Rodrigo de Almeida Ferreira

159   A grande fome em *A hora da estrela*
Susana Souto

CAFÉ

175   Gastronomia e sociabilidade:
os usos do café no cinema espanhol
Ana María Gómez-Bravo

187   **Organizadores**

188   **Convidados**

Aperitivo

CineSAL apresenta:
comida em movimento

Sabrina Sedlmayer, Rafael Climent-Espino,
Luiz Eduardo Andrade

Não há nada no intelecto que não tenha
passado primeiro pelos sentidos.
(Michel Serres)

Este livro é uma reunião de textos oriundos de reflexões em torno da comida no cinema e do cinema que interpela as práticas alimentares na cultura. Tal gesto não se efetivaria se não existisse o impulso da pesquisa acadêmica que, neste caso específico, estrutura-se a partir do trabalho contínuo de um grupo multidisciplinar chamado SAL: sobre alimentos e literaturas, criado em 2015, na Faculdade de Letras da Universidade Federal de Minas Gerais (Fale/UFMG).[1] Se hoje o grupo congrega docentes de diversas universidades do Brasil, Portugal, Espanha e Estados Unidos, além de muitos alunos, e realiza uma série de atividades de ensino, pesquisa e extensão, é porque entende o significado de um agrupamento, a importância de se pensar com.

O "CineSAL" é uma das atividades do SAL. Sua história começa num diálogo informal dentro de um congresso internacional sobre alimentação; tempos depois, desde o final de 2021, passa a ocorrer mensalmente. O formato desses encontros é aquele que a pandemia da Covid-19 nos ensinou: pelo YouTube, um especialista em cinema (ou em comida) escolhe o filme

---

[1] Para uma visão geral sobre o SAL, visite: http://tinyurl.com/dfnx7ff3. Assista aos vídeos do CineSAL e dos Verbetes na Cozinha no nosso canal de YouTube: http://tinyurl.com/3e8ur3jx. Nesses links, você também vai encontrar informações sobre os Cadernos de Receitas. Para saber mais sobre as atividades do SAL, acompanhe nosso perfil no Instagram: https://www.instagram.com/sal.ufmg/.

e realiza a sua leitura. Em seguida, é aberto o debate – guiado por membros do SAL (docentes e discentes) –, com quem participa ao vivo. Para quem tem problemas de agenda, o vídeo fica na plataforma e pode ser visualizado quando possível.

A qualidade das falas e sua repercussão fizeram com que nós desejássemos organizar uma edição coletiva e compartilhada, como deve ser uma boa comida. O formato em livro parece perfeito para que a memória seja feita em conjunto, capaz de atingir os interessados, ou melhor, os famintos por textos que trabalham a importância da comida nas artes visuais – assunto bastante relegado pela crítica tradicional, o que se verifica, facilmente, pela inexistência de títulos como este no Brasil e no mundo. Para Rafael Climent-Espino em seu ensaio aqui inserido, esse menosprezo tem se alterado um pouco, uma vez que: "nas últimas décadas, impulsionados pelos chamados estudos da alimentação (*food studies*), os estudos sensoriais (*sensory studies*) e teorias específicas como a gastrocrítica, essa tendência se reverteu, está mudando rapidamente, e um dos fatores dessa inflexão é a importância da visualidade na comida". Não por acaso, há inúmeros festivais de cinema gastronômico por todos os continentes, e famosos festivais internacionais de cinema incluem seções específicas de cinema gastronômico em seus programas.[2]

Cientes de que a comida para os seres humanos é cultura ou, como esclarece Montanari, "resultado e representação de processos culturais que preveem a domesticação, a transformação, a reinterpretação da natureza", o resultado dos ensaios aqui reunidos demonstra não somente a produção de pensamento, preparação criteriosa para a comunicação da passagem do registro visual para o registro escrito, como também a força da linguagem cinematográfica para abordar temas tabus que são varridos da "linguagem da comida".

---

[2] Na última década, houve um autêntico boom de festivais de cinema gastronômico, por exemplo, o São Paulo Food Film Fest (http://tinyurl.com/4yt2vas3/), para citar um caso brasileiro. Na Europa, o Festival Internacional de Cine de Menorca (Espanha) inclui a seção "Cooking Films" (http://tinyurl.com/r4w6k95v), assim como o famoso Festival de Cine de San Sebastián, com a seção Culinary Zinema. Também em Alicante (Espanha), acontece todos os anos o Gastrocinema: Festival de Cine y Gastronomía (http://tinyurl.com/3m2pmec2), totalmente voltado para as produções cinematográficas que exploram a visualidade da comida e têm nela o tema nuclear. Há inúmeros festivais de cinema gastronômico pelo mundo, nos EUA são conhecidos o Food Film Fest, em Nova York, e o Flatirons Food Film Festival, no Colorado.

Na seção **Bebida**, como se poderá verificar, questões políticas conseguiram mudar o mercado alimentar de Portugal no final dos anos 1920 e proibir a distribuição, por 50 anos, do refrigerante estadunidense mundialmente conhecido como Coca-Cola. O minifilme, de Eugène Green, vai além da anedota e, com humor e ironia, conta como o poeta Fernando Pessoa elaborou o primeiro *slogan* para a campanha publicitária da bebida e, através do dístico, conseguiu algo fantástico: que ministro da saúde de Lisboa decretasse a proibição do produto, uma vez que, se a bebida continha cocaína (como sugeria o nome coca), não poderia ser vendida porque poderia intoxicar alguém; e se, na realidade, não contivesse cocaína, tratava-se então de propaganda enganosa e também deveria ser interditada. Apesar de seus menos de 30 minutos, o filme de Green mostra como um refrigerante pode se tornar, em contextos específicos, muito mais que uma bebida. Sabrina Sedlmayer, autora do capítulo "Portugal nevoeiro", argumenta como há uma intrincada relação entre a bebida e a identidade nacional (tanto de Portugal quanto dos Estados Unidos). E como, no início do Estado Novo, na ditadura salazarista que fez com que Portugal se tornasse cada vez mais isolado e xenófobo em termos de livre mercado (entre outros tantos fatores), somada ao apego ao catolicismo, a bebida Coca-Cola foi censurada e varrida da cultura por muito tempo, junto como os versos pessoanos...

Abrindo a seção **Especialidades da casa**, sugere-se a leitura do texto de Teodoro Rennó Assunção sobre o divertido filme *Estômago*, dirigido por Marcos Jorge. A obra conta a história de Raimundo Nonato, que parte do Nordeste rumo à cidade grande em busca de uma vida melhor. O protagonista dá duro para sobreviver, até descobrir que tem o dom de cozinhar. Vira então assistente de cozinheiro em um restaurante italiano, o que gera uma melhora em suas condições de vida. A análise do filme, realizada pelo professor, poeta e cinéfilo (também coautor de roteiros e longas parcerias com Cao Guimarães) Teodoro Rennó Assunção, acentua o processo criativo do roteiro, que, inicialmente, era um conto intitulado *Presos pelo estômago*, de autoria de Lusa Silvestre. Se a literatura serviu de pontapé para a criação fílmica lançada em 2007, sob a direção de Marcos Jorge, a análise se concentrará em cenas que exploraram não a gastronomia refinada, mas a baixa gastronomia, a culinária típica dos botecos, os pratos populares servidos até mesmo nos regimes carcerários, na prisão.

A comida do sertão é investigada em "Comidas do sem fim em *A história da eternidade*". Luiz Eduardo Andrade percorre alguns símbolos da história explorando ideias de Deleuze e Guattari, Serres, Chevalier e Gheerbrant, e Barcellos. O autor chama atenção para a forma singular como o longa-metragem de Camilo Cavalcante retrata os alimentos nas muitas cenas em que estão presentes. Nas três histórias do filme, a comida é contato, presença, reunião; de tão cotidiana, se torna "extemporânea", quase sempre irrefletida, porém simulacro de alguma camada de eternidade. Com sensibilidade e apelo poético, as histórias de Das Dores, Alfonsina e Querência no filme são narradas sem desviar da presença de comida no espaço. O sonho em conhecer o mar é alimentado diariamente quando a protagonista leva o almoço e a janta para o artista contar histórias; o amor está depositado no prato de macaxeira com carne de sol ofertado em sinal agradecimento pela presença; a eternidade, por fim, revela-se no seio materno e no leite, sinal de acolhimento incondicional. Tudo isso aparece no filme refletindo-se em comidas do cotidiano e do banquete, reais e/ou simbólicas, tomadas por Andrade como chave de leitura das hierarquias, desejos, transgressões e afetos que movimentam as personagens e as imagens no sertão de *A história da eternidade*.

Ainda no sertão nordestino, agora na primeira travessia narrada por aqui, somos caronas-ouvintes de José Renato no filme *Viajo porque preciso, volto porque te amo*. A película, dirigida por Karim Aïnouz e Marcelo Gomes (2009), é comentada por Otávio Moraes no ensaio "'É triste a pessoa gostar sem ser gostada': cinema-comida-poema em *Viajo porque preciso, volto porque te amo*". O ensaio demonstra, inicialmente, como a película é uma narrativa em retalhos. A diferença entre os múltiplos fragmentos reforça a fragilidade do todo. O filme emerge como uma unidade costurada pelo acaso, um objeto que é mal contido por suas fronteiras. Em uma história de amor e desamor, o protagonista, o geólogo José Renato, coleciona as imagens do sertão como ofício e como marcadoras de seu percurso amoroso – cidades, restaurantes, comidas, bebidas, companhias. As falas mais parecem missivas para a mulher amada, que cessam quando a palavra encarna outras formas de relação com o mundo. Nesse estudo, Moraes dialoga com Pignatari, Barthes, Kristeva, Bataille e compara o filme com as cartas de Mariana Alcoforado e com as de Werther, de Goethe. A junção entre as imagens do sertão, os restaurantes na beira da estrada, as interjeições do narrador acusando fome ou sede, compõem não uma narrativa em linha reta, mas uma soma de vírgulas. Otávio Moraes aponta essa tônica do filme, e faz uma leitura que toma o apetite ou a sua ausência enquanto sintoma de amor.

Patrícia Mourão de Andrade analisa, de forma ensaística, o filme *Sem essa, Aranha*, de Rogério Sganzerla. Para ela, ali estão os cinco minutos mais bonitos da história do cinema brasileiro: uma roda inusitada, cujo centro é Luiz Gonzaga, rei do baião, que toca e canta, ao lado das figuras excêntricas... Para a crítica, "*Desesperado* é um termo que cai bem a quase todos os filmes do que ficou conhecido como cinema marginal, outros são: violento, agressivo, grotesco, bestial, visceral, escatológico, abjeto, histérico, irracional, explosivo, iconoclasta, profanador, limítrofe; também, e ao mesmo tempo: hedonista, festivo, indecoroso, desaforado, despudorado, debochado, avacalhado, anárquico, barato, de mal gosto, kitsch; do ponto de vista formal: antropofágico, fragmentado, improvisado, performático, paródico, não narrativo".

Na seção **Pratos internacionais**, o texto de Rafael Climent-Espino explora a relevância da comida e da cozinha em três filmes do famoso diretor espanhol Pedro Almodóvar. Tomando como ponto de partida conceitos teóricos como a "gastrocrítica" de Ronald W. Tobin, a "gastropolítica" de Arjum Appadurai, e a "hierarquia dos sentidos" da filósofa Carolyn Korsmeyer, Climent-Espino localiza, de forma acurada, como as cenas que se desenvolvem no espaço da cozinha estão relacionadas com um viés de verdade e intimidade. Nos filmes examinados – *A flor do meu segredo* (1995), *Tudo sobre minha mãe* (1999) e *Volver* (2006) –, a cozinha aparece como espaço nuclear onde acontecem algumas das ações mais significativas para a progressão argumentativa. As cozinhas de Almodóvar abrigam confissões íntimas, flertes, declarações de amor e inclusive assassinatos. Climent-Espino faz uma análise detalhada de algumas dessas cenas para expor que há uma correlação, e até certa harmonia, entre a imagem que projetam as cozinhas – espaço eminentemente feminino e de sororidade nos filmes de Almodóvar – e as mulheres que transitam por elas. O estudo revela as intenções implícitas do diretor por trás do uso de pratos típicos da culinária espanhola como a paella, e como os modos de preparo e consumo de comida e bebida conotam fortemente as ações dos personagens. A cozinha, enfim, se torna em um micromundo no universo fílmico almodovariano.

Na sequência, Frank Padrón oferece uma deliciosa variedade de análises nas quais se examina a relevância da comida em curtas e longas-metragens de diversas procedências. Todos eles podem ser classificados com a etiqueta "cinema gastronômico". Além de fazer referência a inúmeras produções visuais e cinematográficas ligadas à cultura gastronômica, Frank Padrón examina principalmente três produções: o documentário estadunidense/cubano sobre a culinária cubana *Cuban Food Stories* (2018), a série americana *The Bear* (*O Urso*, 2022) e a longa-metragem tailandesa *Hunger* (*Fome de sucesso*,

2023) – portanto, três produções dos últimos anos. Em *Cuban Food Stories*, Padrón acompanha, de forma crítica, o percurso culinário que o documentário faz pelas distintas regiões de Cuba, mostrando como as histórias pessoais se entrelaçam com a produção culinária. A atividade gastronômica reflete as duras condições socioeconômicas em que vivem os cubanos, e também como a cozinha da ilha tem sido construída na diversidade e na integração, mostrando como os pratos regionais são profundamente influenciados pela paisagem marítima ou montanhosa da ilha. Em seguida, Padrón faz uma crítica positiva da série *The Bear*, na qual um chef, irmão do recém-falecido dono de uma lanchonete, decide converter esse local, antes especializado em lanches para moradores de um bairro conturbado de Chicago, em um restaurante gourmet. Padrón argumenta que nesse processo não só a lanchonete vai melhorar, como também evoluirão todos os personagens, tanto humanamente quanto espiritualmente. Finalmente, o autor examina em detalhe o filme tailandês *Hunger*, um drama com toques de humor em que Aoy, uma moça de família humilde, recebe um convite para trabalhar em um time de chefs de luxo. O líder é um sujeito ácido e temível que almeja a perfeição dos pratos. A análise que Frank Padrón faz de *Hunger* também se refere à luta de classes e à profunda diferença social que o filme traça a cada momento, o que leva Aoy a alguns dilemas éticos que vai enfrentando à medida que avançam seus conhecimentos culinários.

Na seção **Vegetariano**, em "Escolhas em volta da mesa em *O Raio Verde*", Giovanni Comodo elabora e analisa uma série de características do cinema de Éric Rohmer presentes no filme *O raio verde* (1986). Comodo visita algumas entrevistas do diretor, inclusive do livro organizado por Fiona Handyside, e o aproxima do pensamento de André Bazin, de quem Rohmer se considerava discípulo. O texto propõe uma revisão da reputação do diretor – conceituado geralmente como inflexível e criador solitário – para mostrar como a gravação de cenas espontâneas foi fundamental para a elaboração estética do filme, com diálogos improvisados entre atores e pessoas comuns, muitas vezes transeuntes, em situações de gravação cujo som e toda interferência externa participa do filme. Somado a esse método de trabalho que capta o máximo de realidade – dentro do que a câmera consegue reter –, a opção do cineasta francês por utilizar instrumentos não profissionais, como a película de 16 milímetros, dá liberdade para gravar em diversos locais, inclusive ignorando licenças burocráticas nas cidades por onde o filme passa. Em tudo que a câmera capta, o espectador se vê diante do mundo naquele exato momento em que o diretor sequer tinha como interferir nos eventos. A cena estudada por Comodo é justamente um almoço entre personagens e hóspedes da casa onde a equipe também estava alojada. Tomando como mote o fato de a protagonista Delphine ser vegetariana, os diálogos em torno da mesa com aquelas pessoas estranhas, que sequer ensaiaram a cena, são imprevisíveis. Consideradas as características apresentadas sobre Rohmer, a cena à mesa sintetizaria, assim, a assinatura do diretor no filme.

Como **sobremesa**, a suculência em Chica e o sonho de Macabéa: comer goiabada com queijo! Em *"Xica da Silva*: entre sabores e indigestões", Rodrigo de Almeida Ferreira faz um detalhado registro de como os alimentos dão o tom da narrativa em determinados momentos do filme de Cacá Diegues, lançado em 1973. Após um rico levantamento histórico com menções a Júnia Furtado, Cecília Meireles, Beatriz Nascimento, Jean Baptiste Debret, entre outros, Ferreira aponta três sequências significativas do filme para a história de Chica da Silva; em todas o autor mantém a interface da comida como chave de leitura. Os alimentos estão inicialmente na ilustração das cenas: em algumas, explora-se a abundância e, em outras, a escassez no período. Em seguida, as comidas adquirem o tom da sensualidade e as referências sexuais passam a ser evidenciadas. É nesse momento, por exemplo, que muitas frutas suculentas aparecem na tela. A sequência final aproxima Chica da Silva justamente desse consumo, quando Ferreira estuda laboriosamente, em perspectiva interpretativa, as sociabilidades em torno das cenas com banquetes.

Ainda como opção de análise de imagens em movimento, Susana Souto lê o filme *A hora da estrela*, de Suzana Amaral, e nos lembra como a versão fílmica, amparada no livro *A hora da estrela,* de Clarice Lispector, desvia-se das experimentações da linguagem elaboradas pela escritora, e opta por se confrontar com a fome, ou melhor, com "o flagelo fabricado pelos homens, contra outros homens", como argutamente diz Josué de Castro. A análise da pesquisadora não se prende somente ao livro, e nos oferece, fartamente, um universo metalinguístico, uma rede de elementos que nos aproxima mais da obra de Clarice – em sua pujança criativa, em suas infinitas camadas – e nos faz atentar para questões ideológicas, políticas e sociais. A construção da personagem Macabéa é atrelada ao uso da comida de diversos tipos e, segundo Susana Souto, parece nos dizer "que nós também devemos imaginar modos de fazer o Brasil sair para sempre do mapa da fome e ter mais dias de goiabada com queijo para todo mundo".

Vai um **cafezinho** de cortesia? Para encerrar o banquete, o café. Eis o ensaio "Gastronomia e sociabilidade: os usos do café no cinema espanhol", no qual Ana María Gómez-Bravo oferece uma análise do percurso do café no cinema espanhol desde seus inícios até hoje, estudando não só sua relevância como bebida, mas também refletindo acerca dos lugares, os cafés e cafeterias como espaços de potente sociabilidade. Gómez-Bravo examina as múltiplas nuances que o café pode ter como elemento narrativo, e levanta a hipótese de que as cafeterias são verdadeiros espaços cinematográficos dentro de diversas e variadas produções fílmicas do cinema espanhol e também do cinema hispano-americano. O capítulo fornece exemplos do café como bebida social, simbólica e metafórica, seja quando se bebe frio ou quente, sozinho ou em companhia; detalham-se as implicações interpessoais ou de privacidade nos convites para tomar um café em contextos específicos, e os cafés, como espaços públicos, substituem o espaço doméstico privado da casa, tornando as cafeterias em locais de conversas íntimas e pessoais. Além disso, Gómez-Bravo analisa filmes nos quais observa que as práticas de produção e consumo de café estão frequentemente ligadas a questões sócio-históricas, sociopolíticas, socioeconômicas, socioliterárias, socioprofissionais e sociossexuais. Curiosamente, também argumenta como em outras produções cinematográficas o café pode ter um papel antissocial ou ser representativo do conflito humano, ao nos fazer refletir sobre as problemáticas ambientais e materiais relacionadas com o cultivo e processamento do café.

Bebida

1
Portugal nevoeiro

Sabrina Sedlmayer

> *Por isso escrevo em meio*
> *Do que não está ao pé,*
> *Livre do meu enleio,*
> *Sério do que não é.*
> *Sentir? Sinta quem lê!*
> (Fernando Pessoa)

É de autoria do cineasta Eugène Green o minifilme *Como Fernando Pessoa salvou Portugal* (2018), com menos de 30 minutos, que nos conta como o poeta modernista português foi incumbido, em 1927, de criar um *slogan* para a campanha publicitária de lançamento da Coca-Cola em Portugal. Através dos versos que elaborou, provocou a interdição comercial do produto por quase meio século. Essa história, como diria Borges, é precursora da ficção de Kafka: premedita Kafka, profetiza Kafka, e é capaz de modificar a nossa concepção do passado e do futuro. Essa história, completaria Walter Benjamin, é um pequeno gesto de profanação na religião que é o capitalismo.

A proposta deste texto é ler o filme de Green problematizando a sua interpretação de poesia e de história. Tomo por base o pressuposto de que o uso do advérbio "como", no título do curta, promete a explicação das circunstâncias, dos motivos e razões que fizeram com que a bebida americana não fosse consumida em Portugal por 50 anos, e de como Pessoa se tornou o *hacker* que minou tal disseminação. Questiono, posteriormente, em que medida a ambiguidade do primeiro anúncio lusitano do refrigerante lança o expectador num intricado novelo de aporias: Fernando Pessoa salvou Portugal de quê? De quem? Por quê?

A abertura à experiência do gosto, o livre comércio de uma bebida estrangeira relaciona-se, no filme, à liberdade política? A ditadura de Salazar teria, com a proibição do refrigerante, mirado no padre (Coca-Cola) e acertado na igreja (Estados Unidos)? O que seria vitória e o que seria derrota nesse país que, na altura, também colonizava parte da África, mantendo, hipocritamente, a velha ideologia seiscentista da propagação da civilização e da fé cristã? O encoberto, a referência direta ao sebastianismo, é lido como luz ou treva neste filme?

A pausa que refresca[1]

Antes, entretanto, de nos apresentar Pessoa elaborando a eficaz fórmula de publicidade, o espectador é convidado a revisitar a ilha saudade, apelido de Portugal (Lourenço, 1999, p. 14) e a conhecer as condições e a produção do anúncio. A ação se passa no final de 1920. As badaladas do sino da Igreja dos Mártires, no Chiado, as suas pancadas, são ritmicamente acompanhadas pela leitura em *off* de "Ó sino da minha aldeia", atribuído ao ortônimo.[2] Nesse poema simples, metricamente rimado em redondilha maior, o sujeito lírico se dirige ao sino para dizer que quanto mais longe está o passado, mais perto está a saudade.

Eis a primeira tese, lançada sub-repticiamente: o sino (como o mar de Vigo), canta a repetição. O ir e vir das ondas do mar, presente na lírica trovadoresca que chora a falta do amigo, é similar às suas pancadas. O passado, muito longe e para sempre perdido, é trazido, com nostalgia e melancolia, pelas batidas ritmadas desse som.

Sino, no latim *signum,* quer dizer sinal. Se é o objeto que marca a passagem do tempo, também alerta e chama. Não parece ser à toa que, logo depois do poema declamado, segue o fado "Sopra demais o vento", na voz de Camané, cuja letra são também conhecidos versos de autoria pessoana.[3]

---

[1] Todos os subtítulos deste ensaio foram, no passado, *slogans* das propagandas do refrigerante Coca-Cola.

[2] "Ó sino da minha aldeia, / dolente na tarde calma, / Cada tua badalada / Soa dentro da minha alma. // E é tão lento o teu soar, / Tão como triste da vida, / Que já a primeira pancada / Tem o som de repetida. // Por mais que me tanjas perto / Quando passo, sempre errante, / És para mim como um sonho. / Soas-me na alma distante. // A cada pancada tua, / Vibrante no céu aberto, / Sinto mais longe o passado, / Sinto a saudade mais perto" (Pessoa, 1974, p. 90).

[3] "Sopra demais o vento / Para eu poder descansar [...] / Há no meu pensamento / Qualquer coisa que vai parar [...] // Talvez esta coisa da alma / Que acha real a vida [...] / Talvez esta coisa calma / Que me faz a alma vivida [...] // Sopra um vento excessivo / Tenho medo de pensar[...] / O meu mistério eu avivo / Se me perco a meditar [...] // Vento que passa e

Os créditos vão surgindo lentamente e as imagens adquirem a imobilidade da fotografia. Planos estanques. Tudo à primeira vista parece estar afinado com as imagens identitárias da nação: Portugal, país preso ao passado que não passa, que não se moderniza e nem é seduzido pela novidade da técnica. Parado no tempo.

Enquanto dura a música, enquanto duram os letreiros, surgem outras imagens para a caracterização da identidade portuguesa: uma oliveira ancestral; a placa indicativa da rua dos Douradores (onde viveu e trabalhou o ajudante de guarda-livros Bernardo Soares); os azulejos brancos e azuis (herança mourisca e que ironicamente identifica o revestimento da casa portuguesa); as abóbadas do restaurante Martinho da Arcada (local onde Pessoa tomou muitos copos de aguardente e se encontrou com os companheiros de Orpheu); o interior *art noveau* do Café "A Brazileira" (hoje cartão-postal de Lisboa, com a estátua do poeta junto a um banco convidativo para os turistas de iPhone); a frente do hospital São Luís dos Franceses (local onde Pessoa morreu em 29/11/1935); os óculos redondos similares do poeta (segundo os biógrafos, sua última fala foi "Dá-me os óculos", tendo, em seguida, escrito: *"I know not what tomorrow will bring"*); o bondinho amarelo com seus transeuntes habituais (transporte que também virou "patrimônio turístico"); a máquina datilográfica Royal (exatamente a marca que o poeta usava)... Enfim, uma fileira de decalques que acentuam a dimensão de certos índices que são materiais e, ao mesmo tempo, abstratos. Significantes que se tornaram, como os livros Pessoa, como a figura do poeta, patrimônio nacional, ou seja, mercadoria.

Todas essas imagens do início do filme, cuidadosamente enquadradas, demonstram não só um forte apego à fotografia, como também o fato de Green distribuir sinais, marcas, vestígios, tanto do poeta quanto de Portugal. Como se solicitasse ao espectador que se tornasse um leitor pessoano e encontrasse as pistas. E que reveja, bem de-vagar as imagens. O filme convoca a obra, a biografia, a cidade de Lisboa. É como se pedisse ao espectador que, ao ver, leia.

O melhor amigo que a sede já teve

Primeiro estranha-se. Depois entranha-se, tal como a poesia, poderíamos emendar. O *slogan* pessoano provoca ruído, embaraça, carrega Eros

---

esquece, / Poeira que se ergue e cai [...] / Ai de mim se eu pudesse / Saber o que em mim vai! [...]" (Fado "Sopra demais o vento", de Camané).

como o bom poema que nada quer comunicar. A história, no entanto, imita a arte.

Segundo Carlos Pitella e Jerônimo Pizarro ocorreu o seguinte:

> O famoso refrigerante chegaria a Portugal em 1929 – se não fosse Fernando Pessoa. Em fins da década de 1920, o poeta trabalhava com Manuel Martins da Hora, fundador da primeira agência de publicidade portuguesa, e com Carlos Moitinho de Almeida, encarregado de representar a Coca-Cola em Portugal. Segundo Luís Moitinho de Almeida, filho de Carlos, cabia a Pessoa criar o *slogan* português. [...] Segundo Almeida, Pessoa concebeu: "Primeiro estranha-se. Depois entranha-se". Ao tomar conhecimento do *slogan*, o celebrado cientista Ricardo Jorge, então diretor de Saúde de Lisboa, teria decretado a proibição do produto... (Pitella; Pizarro, 2016, p. 72)

Na mais recente biografia de Fernando Pessoa, Richard Zenith (2022) esclarece que, antes de criar o anúncio para a Coca-Cola, Pessoa já havia escrito outros textos publicitários, e havia obtido sucesso, por exemplo, na propaganda de cintas e espartilhos; mas, apesar disso, ao lançar uma cera de automóveis, "o texto que escreveu é tão literário que um de seus editores póstumos o publicou como conto" (Zenith, 2022, p. 757).

No caso do refrigerante, o biógrafo pontua duas diferenças em relação às informações de Pitella e Pizarro: primeiro que a "célebre bebida americana" chegou a Portugal em 1927 (e não 1929); e, segundo, o *slogan* foi: "No primeiro dia: Estranha-se. No quinto dia: Entranha-se" (Zenith, 2022, p. 758).

E completa:

> A campanha publicitária continuou, e a bebida vendeu a bom ritmo até que, poucos meses depois de ser lançada, sua importação foi abruptamente embargada. É provável que se tratasse de uma medida protecionista, para incentivar as indústrias nacionais e ajudar a conter o déficit comercial do país, mas, quando as autoridades norte-americanas pediram ao governo português uma justificativa para a proibição, apontando que os próprios testes do produto feitos em Portugal haviam mostrado que ele não continha cocaína, foi o ministro da Saúde que apresentou um argumento irrefutável: ou continha vestígios difíceis de detectar de cocaína, a qual era uma substância ilegal, ou não continha nenhuma cocaína e era culpada de propaganda enganosa. O ministro citava o slogan de Pessoa, chamando-o de um inaceitável "convite ao vício" (Zenith, 2022, p. 758).

A diferença entre os dois anúncios é que a versão de Zenith parece acentuar a passagem do tempo para que haja a assimilação do gosto da bebida. Já a que Eugène Green (e Pitella e Pizarro) adotam, além de ser mais concisa, tem mais ritmo.

No filme, Green traz, para ilustrar a criação do anúncio, o heterônimo Álvaro de Campos. A essência do processo heteronímico é performada nessa cena: a experiência em travar um diálogo com alguém que não sente como aquele que escreve. O ator Carloto Cotta é irrepreensível em ambos os papéis: guarda o silêncio tímido de Pessoa, solta a arrogância do engenheiro vanguardista que anda sempre em luta com a metafísica.

No diálogo com Pessoa, o engenheiro naval, que sentia tudo de todas as maneiras, que amava meninos e meninas e se jogara há tempos no ópio e na errância é, em tudo, diverso do ortônimo. Contradição, paradoxo e diversidade são motores para entender a obra de um autor que, parodicamente, deixou mais de cem assinaturas, com nomes próprios diferentes, com estilos diferentes, com obras diferentes, pois fingir é conhecer-se, disse um dia. Com misto de escárnio e proteção, Campos lembra a seu duplo que ele nunca terá lucro nem fortuna, que o sucesso não faz parte do seu destino. Mas o aconselha a prosseguir com o anúncio.

Quando publicado o *slogan*, através da estampa mulher + bebida, o governo localiza ameaça contra a moral e a saúde dos portugueses. . Uma obscenidade, uma possessão capaz de invadir o território imperial português, dizem os funcionários e o hilário padre jesuíta, encarregado de exorcizar o poderio do refrigerante. Pessoa havia conseguido inserir o *Unheimlich* na bebida destinada à mesa portuguesa. A bebida é sem álcool, mas ligada ao corpo feminino.

É a coisa real

Primeiro estranha-se. Depois entranha-se. É esta a frase que Fernando Pessoa inventou para descrever a bebida que, no filme de Green, se chama "Coca-Louca". Outro diálogo importante no filme é o que acerta o acordo da tarefa de criação do anúncio entre o poeta e o empresário. O dono da agência de publicidade (chamado respeitosamente de "senhor patrão" pelo poeta-funcionário) conta como o refrigerante é um produto muito bem-sucedido na América do Norte. Pessoa indaga se se trata de uma aguardente, ao que o distribuidor da bebida respondeu resolutamente que não, já que os americanos são um povo puro, álcool lá é pecado; trata-se, assim, "de uma bebida com o efeito do álcool, mas sem pecado". Sabemos que, na altura, nos EUA, a lei seca vigorava, mas não em Portugal, o que explica em parte o forte tremor das mãos do patrão ao entregar o copo de Coca-Louca ao poeta (que também amava as bebidas etílicas!). Ambos pecadores e criminosos, na visão norte-americana, mas, em Lisboa, "a publicidade encontrara seu poeta", diz contente o empresário. Pessoa, entretanto, não apreciou o gosto. E reconheceu, ali, o traço cultural de quem a produziu. O adjetivo "infecta" é utilizado pelo poeta para caracterizar a experiência, a degustação do refrigerante.

Importa lembrar que a "coisa real" que mudaria o destino de Portugal por quase um século se aproximava: o Estado Novo. Salazar, na altura da criação do anúncio, já tinha sido ministro das finanças por um tempo, e o clima de austeridade já se instalara no país. Pessoa se ressentia com a limitação da liberdade e, apesar de ter morrido em 1935, percebeu o cerco fascista e fez, inclusive, inúmeros poemas contra o "sal-azar" (como costumava chamar o ditador).

A política interferiu na poesia, no mercado, na religião: eis o que percebemos no conchavo entre o ministro da saúde e o jesuíta. E mais ainda: censurar leva em conta castrar o erotismo, impedir o entranhamento. Exorcizar a garrafa industrializada, o estrangeiro.

Onde há Coca, há hospitalidade

Logo depois da proibição do anúncio, na década de 1930, veio Salazar e a política do Estado Novo. O moralismo, a ditadura e a repressão só aumentaram. Antes do texto de Pessoa, os anúncios do refrigerante nunca tiveram nenhuma menção à sensualidade. Relacionavam à natureza, à amizade, à família, à sede, na tentativa de atrelar o gosto à liberdade e à felicidade (não é a promessa do capitalismo?) pessoal, econômica e política.

Ha-Joon Chang, no livro *Economía comestible* (2023), dedica um capítulo à Coca-Cola e comenta como a bebida estadunidense atualmente é distribuída em duzentos países – soma maior do que a quantidade de nações que fazem parte da ONU (Organizações das Nações Unidas) –, e é a segunda palavra mais compreendida no mundo. A primeira é *"ok"*.

Segundo o economista sul-coreano,[4] o refrigerante foi inventado em 1885 por John Pemberton, em Atlanta, na Georgia, e vendido inicialmente em farmácias, como uma espécie de tônico para os nervos, com credenciais medicinais. Continha inicialmente álcool, mas, quando veio a lei seca, foi substituído por (muito) açúcar como forma de disfarçar o gosto das essências da coca e da noz de cola. No início, utilizava-se 3,5 gramas de coca. No presente, entretanto, a noz de cola e a coca seguem como "fantasmas" na bebida: há coca sem cocaína. Ambos os produtos existem como aroma, mas sem os efeitos estimulantes.

Importa ressaltar como os dois ingredientes que dão nome ao refrigerante são estrangeiros aos Estados Unidos: a coca, proveniente da América Latina; a noz de cola, da África ocidental. Ambos tradicionalmente relacionados a funções ritualísticas e religiosas,[5] foram descontextualizados da cultura original e misturados à frutose de milho (daí a explicação do "entranhamento" percebido por Pessoa, o vício: a quantidade de açúcar!). Hoje, na receita, não há integralmente nem coca nem cola, mas o nome segue prometendo (com hífen) os dois produtos, em *perfect harmony*.

Fazendo coisas boas com o melhor sabor

Se há pouco ficamos sabendo desta história portuguesa, o filme de Eugène Green, ironicamente, com humor e linguagem técnica assombrosa, vai muito além da anedota. Com planos frontais equilibrados, claros, harmônicos,

---

[4] Todo o capítulo é interessante. A leitura sobre as recomendações contidas no Consenso de Washington (1980) é esclarecedora e aponta as resistências da América Latina em relação ao neoliberalismo norte-americano. Problematiza como a Coca-Cola não é o único ícone norte-americano, há também Lewis, Marlboro, rock, entre outros tantos produtos que se atrelam à identidade nacional como um amálgama.

[5] A noz de cola africana tem função de inibir a fome, a fadiga e a sede, além dos aspectos culturais e ritualísticos. Foi, inclusive, um alimento utilizado nas longas travessias marítimas, na época do tráfico dos escravizados.

imagens com pouquíssimo movimento, quase retratos, vem para nos fazer lembrar que um dístico é poderoso e às vezes capaz de solapar o "*é isto aí*". A fotografia impressiona e emociona. A fotografia entranha. Instala a força do erro, do ruído e do fracasso.

O cineasta judeu nova-iorquino deste curto filme possui algumas semelhanças com Pessoa: também mudou de pátria e se exilou na França. Alterou a grafia de seu nome e se converteu ao catolicismo. Fez o curso de Letras e se tornou diretor de teatro por muitas décadas. Produziu várias tragédias e muito interesse no barroco, até que, em 1999, encerrou a carreira no teatro. Tornou-se cineasta aos 50 anos e seus filmes não são lançados comercialmente, apesar de ser muito premiado.

Pontuo esses dados sobre a trajetória do cineasta para demonstrar como há uma inclinação literária em seus projetos, e como o teatro também está presente neste curta-metragem. Os personagens nos olham nos olhos e parecem nos confidenciar algo. Há uma aura metafísica (principalmente no início e no final do filme), como se Portugal fosse esse lugar em que uma realidade espiritual importasse muito.

Apesar de o filme girar em torno dos impactos que o *slogan* causou, penso que a alteração do nome do produto de Coca-Cola para Coca-Louca tem relação com outro episódio: a vaca louca. A aglutinação nos faz recuperar o episódio do surto de contaminação que ocorreu no final do século XX e o medo da transmissão da doença para os seres humanos. A carne de vaca parou de ser consumida por tempos como modo de impedir a contaminação, ou seja, o entranhamento da doença degenerativa.

A ambivalência que o filme nos traz – a pausa que a poesia angariou – é carregada de ironia. Portugal, no filme de Green, é retratado como um lugar cheio de contradições. Uno e diverso, paradoxal e contraditório, inerte e ativo, cômico e trágico, religioso e profano, como Fernando Pessoa.

A cena final nos faz ver o mar português não para endossarmos a espera do encoberto que irá trazer novamente o esplendor do império perdido, mas, muito mais, para nos lembrar de que os impérios um dia acabam, mesmo que demorem a cair. A bebida infecta, a vaca louca, nada saudável, nada nutritiva, teve uma pausa refrescante nas terras lusitanas. No neoliberalismo atual, que vende todo o país como mercadoria, a Coca-Cola acompanha lado a lado os pastéis de Belém.

Mas o que o curto filme de Green nos faz enxergar é como, mesmo no nevoeiro, há luz quando acontece certa afinidade eletiva entre a poesia e a história. Um raro curto-circuito.

Referências

CHANG, Ha-Joon. *Economía comestible.* Traducción de Andrés Barba. Barcelona: Penguin Randon House, 2023.

LOURENÇO, Eduardo. *Mitologia da saudade: seguido de Portugal como destino.* São Paulo: Companhia das Letras, 1999.

PESSOA, Fernando. *Obra poética.* Organização, introdução e notas de Maria Aliete Galhoz. Rio de Janeiro: José Aguilar, 1974. Volume único.

PITELLA, Carlos; PIZARRO, Jerônimo. *Como Fernando Pessoa pode salvar a sua vida: primeiras lições.* Rio de Janeiro: Tinta-da-China Brasil, 2016.

ZENITH, Richard. *Pessoa, uma biografia.* Tradução de Pedro Maia Soares. São Paulo: Companhia das Letras, 2022.

Especialidades da casa

2
Estômago (o filme):
a comida como sedução e poder

Teodoro Rennó Assunção

Introdução: argumento e roteiro de um filme narrativo

Ainda que possa parecer uma obviedade, não custa muito lembrar que *Estômago* (lançado em 2007) também é um filme narrativo tradicional – e não um experimento livre com imagens em movimento e sons sincronizados (tal como nas artes plásticas não figurativas) –, filme cuja estrutura é predeterminada (ainda que com vários ajustes posteriores na própria filmagem e na montagem) por um roteiro que (em basicamente duas locações que constituem dois cenários: um centro de cidade grande figurando São Paulo, mas quase todo filmado em Curitiba, e uma antiga prisão situada realmente na periferia de Curitiba) tem um núcleo teatral importante estruturado em diálogos, seguindo a tendência narrativa largamente majoritária na história do cinema, que se estruturou na primeira década do século XX a partir da adaptação de obras literárias ou de relatos romanceados de eventos históricos, como bem o provam os exemplos emblemáticos de *O nascimento de uma nação* de Griffith e de *O encouraçado Potemkin* de Eisenstein, em contraposição, por exemplo, a um *collage* urbano experimental (e sem propriamente uma história) como *O homem com uma câmera* de Dziga-Vertov.[1]

Neste caso, como sabemos pelos depoimentos dos roteiristas (Lusa Silvestre, Marcos Jorge e Cláudia da Natividade) e do diretor (Marcos Jorge),

---

[1] Ver para tanto o grande capítulo "Pré-cinemas: o cinema das origens" do livro *Pré-cinemas & pós-cinemas* de Arlindo Machado (Machado, 1997, p. 76-170).

um roteiro escrito a partir de uma decisiva transformação de um conto, "Presos pelo Estômago" (do livro *Pólvora, Gorgonzola, Alecrim*), de Lusa Silvestre (2005, p. 17-36), que funciona, portanto, mais como uma espécie de argumento inicial. As informações sobre esta transformação se tornaram acessíveis a partir da publicação do roteiro integral do filme e dos depoimentos dos roteiristas e do diretor do filme na coleção "Aplauso Cinema" editada pela Imprensa Oficial do Estado de São Paulo (Silvestre; Jorge; Natividade, 2008), que serviram também para um bom resumo feito por Adriane Canan numa dissertação de mestrado, "*Estômago*: do conto ao roteiro (caminhos e decisões dos roteiristas)" (Canan, 2011), e de cujas coordenadas eu vou também me servir em parte nesta primeira sequência.[2]

Neste conto é a partir de uma hipotética história sobre o surgimento do nome Raimundo Nonato que Lusa Silvestre nos conta a história de um cearense chamado Raimundo Nonato, que saiu do Nordeste brasileiro para alguma cidade grande do Sul do país e, por um acaso do destino, fez um curso de gastronomia no SESC. E foi com a faca de cozinheiro na mão que se envolveu numa "discussão mais acalorada" que, entendemos, leva-o para a cadeia. A frase: "Nonato cozinheiro, Nonato com faca na mão, Nonato sem argumentos no meio de uma discussão mais acalorada, Nonato fez o que não

---

[2] O interesse por este filme veio na esteira de uma espécie de consagração pela crítica e pelo público (em nove de dez semanas em exibição em 2008, *Estômago* foi a maior bilheteria do cinema nacional no período), sinalizada também pela série de prêmios que ele obteve em festivais: "Grande Prêmio Cinema Brasil – 2008": Melhor filme (prêmio do público), Melhor diretor, Melhor roteiro original, Melhor ator coadjuvante (Fabíula Nascimento); "Festival de Cinema do Rio de Janeiro, Brasil – 2007": Melhor longa de ficção (voto popular), Melhor ator (João Miguel), Melhor diretor de ficção, Melhor roteiro original, Prêmio especial do júri (Babu Santana); "International Film Festival Rotterdam, Holanda – 2008": Lions award; "Prêmio Contigo de Cinema, Brasil – 2008": Melhor atriz coadjuvante (Fabíula Nascimento); "17º Festival de Cinema de Biarritz, França – 2008": Prêmio do júri; "16º Raindance Film Festival, Londres, Inglaterra – 2008": Melhor filme estrangeiro; "53ª Semana Internacional e Cinema de Valladolid, Espanha – 2008": "Espiga de Ouro" Melhor filme, "Prêmio Miró" para o melhor diretor estreante (Marcos Jorge), Prêmio de melhor ator (João Miguel); "Festival Internacional de Cinema do Funchal, Portugal – 2008": Melhor filme (prêmio do público), Melhor atriz coadjuvante (Fabíula Nascimento); "Festival Internacional de Cinema de Punta del Este, Uruguai – 2008": Melhor filme, Melhor ator (João Miguel); "XI Muestra Internacional de Cine de Santo Domingo, República Dominicana – 2009": Prêmio de melhor obra-prima. (Ver a seção 2 "O filme como objeto de consumo: premiações e bilheterias" do artigo "O filme *Estômago*: comida, diversão e arte" de Denise A. D. Guimarães [Guimarães, 2009, p. 189-193].)

devia" (Silvestre, 2005, p. 19-20), no conto, nos torna cientes de que ele fez algo errado e, por isso, foi parar numa penitenciária. Ali então ele convive com chefes de prisão e carcereiros corruptos, com palavrões, violência e sujeira, e, no final, por conta de sua comida de boa qualidade, acaba por ganhar certo poder e por engordar os membros do grupo de sua cela, impedindo-lhes, involuntariamente, do sucesso em uma fuga planejada. Por conta da comida boa preparada por Raimundo Nonato – que entrou na cadeia pensando que precisava de um nome forte e batizou-se como "Nonato Canivete", mas virou "Alecrim" –, os presos de sua cela não conseguem entrar no buraco preparado para a fuga em massa.

No que seria uma breve história da produção deste roteiro, primeiramente Lusa Silvestre enviou o conto para o diretor Marcos Jorge, que respondeu dizendo ter pensado em fazer um curta, mas depois desapareceu: "Ficou um mês sem dar satisfação. Cheguei a pensar que o projeto tinha ido pras cucuias. Um dia ele me aparece do nada querendo fazer, do curta, um longa" (Silvestre; Jorge; Natividade, 2008, p. 11-12). Mas, segundo Marcos Jorge, "o que me pareceu ainda melhor era que o conto era um ótimo ponto de partida, mas estava longe de ser a receita do filme. Era necessário, para se chegar ao roteiro, inventar muita coisa ainda, que era justamente o que eu andava querendo fazer" (Silvestre; Jorge; Natividade, 2008, p. 21). E eles partiram para a criação de um tempo anterior ao vivido por Nonato na cadeia, um tempo que seria, em suas ações, o motivador da prisão do protagonista. Um mês de intenso trabalho, como um longo *brainstorm* ("tempestade cerebral"), resultou na primeira versão do roteiro de *Estômago*, entre Marcos Jorge, Lusa Silvestre e Cláudia da Natividade, também produtora do filme.

E aqui entra um depoimento decisivo de Marcos Jorge sobre este mês de trabalho, pressionado pela necessidade de tentar o dinheiro de um edital do Ministério da Cultura para financiar longas-metragens de baixo orçamento:

> Para mim, aquele mês intenso que passei praticamente trancado no escritório escrevendo a primeira versão do roteiro do *Estômago* foi um dos momentos mais felizes de minha vida. E como davam certo nossas ideias naquele mês. [...] Que delícia foi inventarmos a Íria (que tem o nome de uma tia minha, embora ela não saiba, e embora a personagem não tenha nada a ver com ela), o Giovanni (pensando a partir de diversos italianos que conheço, especialmente de um *chef* de Viareggio), o Zulmiro (nome de um dos porteiros do prédio onde então eu morava em São Paulo), e desenvolvermos a personalidade do Nonato relacionando-se com todos esses novos personagens! (Silvestre; Jorge; Natividade, 2008, p. 22).

E nasceram, então, as novas personagens com suas histórias. Uma delas é Zulmiro (representado por Zeca Cenovicz), o dono do boteco onde Nonato (representado por João Miguel) encontra a primeira parada, onde mata sua fome com duas coxinhas de galinha gordurosas e onde, por não ter como pagar a conta, acaba lavando a louça e o chão da cozinha. É também o lugar em que, mesmo sob condições de quase escravidão e confinamento (pois acaba trabalhando por comida e lugar para dormir num quartinho escuro e sujo), Nonato encaminha-se para a descoberta que muda sua vida: a de que tem um dom para cozinhar. Outra personagem nova é a prostituta Íria (representada por Fabíula Nascimento), uma frequentadora do boteco que, desde o primeiro momento, "prende" a atenção de Nonato e que, no percurso do filme, mesmo que involuntariamente, acaba levando-o à prisão.[3] E outra ainda a do italiano falador Giovanni (representado por Carlo Briani), que leva Nonato ao mundo de uma suposta cozinha mais refinada, ou de uma gastronomia mais requintada, mas que, sem escrúpulos em relação aos sentimentos de Nonato para com Íria, acaba sendo o estopim do crime que leva o cozinheiro à prisão. São estas as três novas personagens que transitam pelo passado de Raimundo Nonato. Um passado criado a partir de uma ideia de presente já existente no conto: a vida na penitenciária. Temos, então, dois tempos: 1º) o da chegada à cidade grande, trabalho no boteco, ida para o restaurante "grã-fino", onde Giovanni o apresenta à culinária mais refinada, e da paixão por Íria, que acaba levando-o a pedi-la em casamento e, depois do que entende por traição de Giovanni, fazendo-o cometer dois assassinatos (de Íria e de Giovanni), e 2º) o tempo de sua vida na cadeia, com uma espécie de "ascensão social" sua por conta do poder que ele acaba adquirindo ao demonstrar seus dotes culinários. E aí entra mais uma decisão relevante dos roteiristas: a de como contar essa trajetória e seus dois momentos. Marcos Jorge explicou assim genericamente o que foi a opção deles:

---

[3] Seria preciso dizer antecipadamente que esta nova personagem permite que o novo roteiro se torne também uma história tragicômica de amor, uma vez que Nonato (em sua grande solidão de nordestino pobre e sem família na cruel cidade grande do Sudeste brasileiro) irá se apaixonar por uma prostituta, chegando a pedi-la em casamento e a imaginar uma festa de noivado com ela (mesmo que Zulmiro, convidado para padrinho, o advirta prudentemente do absurdo do seu projeto), história cujo modelo básico é relativamente tradicional e conhecido como, para dar só um exemplo, no último romance de Dino Buzzati, *Um amor*, ou no filme de Arnaldo Jabor, *Toda nudez será castigada*, baseado na peça teatral homônima de Nelson Rodrigues.

Ainda antes de começar a escrever o roteiro propriamente dito, enquanto trabalhávamos com a escaleta (uma lista de cenas), surgiu a ideia de misturar o tempo de "antes" com o tempo da "cadeia", fazendo com que as duas fases da história (que eram praticamente duas histórias diferentes, mas com o mesmo personagem) interagissem entre si, completando-se. (Silvestre; Jorge; Natividade, 2008, p. 27).

Restaria, no entanto, observar brevemente a muito viva e vibrante interpretação das principais personagens pelos atores e a atriz (dando ao filme uma verossimilhança muito convincente e atrativa): a de Nonato por um João Miguel que é muito sutil em seus gestos fisionômicos aparentemente tímidos mas com uma reserva crítica que só se revelará plenamente no desfecho; a de Zulmiro por um Zeca Cenovicz aparentemente insosso e medíocre, mas bastante vil na defesa dos seus interesses; a de Íria por uma Fabíula Nascimento com um *physique du rôle* ("aspecto físico do papel") gordinho e ajustado ao papel de uma prostituta voraz e lúbrica que faz com alegria o que deseja; a de Giovanni por um Carlo Briani que como *chef de cuisine* é bem arrogante e de todo indiferente à vulnerabilidade de Nonato; e a de Bujiú por um Babu Santana que – além de um gordinho voraz – é grosseiro, vulgar e maldoso como um bandido chefe na cadeia.[4]

A estrutura temporal entrecortada do roteiro e o desfecho do filme

Mas seria útil precisar que esta interação entre os dois momentos do filme (presente e passado) se dá no modo de uma rigorosa alternância (com

---

[4] Dada a sua evidência, isso foi bem observado pela crítica, tal como revelam os dois exemplos a seguir: "[...] Nonato escuta muito, e suas reações aos interlocutores, seja com um olhar ou com pequenas interjeições e com seu jeito de falar, é que provocam o riso imediato. Em grande parte, isso se deve ao talento de João Miguel, que, depois de desempenhos elogiados em *Cinema, aspirinas e urubus* e *O céu de Suely*, agora tem tudo para sair do gueto e trilhar o caminho de Wagner Moura e Lázaro Ramos. Sua atuação é magnífica, com um *timing* perfeito para a comédia. Babu Santana é outro ator cômico de mão cheia e Fabíula Nascimento, que interpreta a prostituta Íria, uma grata revelação" (Marcelo Janot, "Banquete de humor inteligente", blog *Críticos*, 15/04/2008 [Janot, 2008]). "Claro que muito do mérito vai para João Miguel e Fabíula Nascimento, ambos nos conseguindo convencer a qualquer instante. Há uma assustadora sinceridade na forma como interpretam seus personagens, a tal ponto que conseguimos imaginar esses dois indivíduos existindo e se colocando nessas inacreditáveis situações" (Guilherme Coral, "*Estômago*: Crítica", blog *Plano crítico*, 21/02/2017 [Coral, 2017]).

cenas de transição que costumam ser de preparação da comida), que cria também um duplo suspense em duas histórias de sublevação violenta (de uma mesma personagem aparentemente pacata, que é Nonato, e que é duplamente humilhada) e de vingança mortal[5] contra duas instâncias de poder abusivo e violento: Bujiú (representado por Babu Santana), o bandido chefão na cadeia, e Giovanni, o patrão do restaurante, sendo que neste último caso seria dada também a solução para o mistério do crime que teria levado Nonato para a cadeia (articulando os dois momentos da história), ainda que neste primeiro caso ele acabe sendo preso, enquanto no segundo, como se já instruído por alguma experiência e astúcia, ele consegue disfarçadamente envenenar Bujiú que morre como se atacado no processo digestivo por uma violenta virose.

Mas se a história do assassinato de Bujiú tem algo de previsível ou esperável, pois ele morre exatamente por onde comete os seus maiores excessos de voracidade, a boca, envenenado por um feijãozinho final (preparado espertamente por Nonato) de arremate de um banquete pantagruélico (em homenagem ao chefão maior do crime que é o bandido Etcétera, representado por Paulo Miklos), o assassinato de Giovanni e Íria, que também morrem por sua voracidade sexual no local onde esta se manifesta, que é a cama, tem um desfecho especial de crueldade, que parece transgredir os limites do humano, entrando perigosamente no domínio de um humor negro ultragrotesco, que é o corte de um pedaço da bunda de Íria (sendo que, coincidente e antecipadamente, numa anunciadora cena de açougue no Mercado Municipal, Giovanni tinha comparado o filé de boi à bunda de uma mulher "gostosa"[6]),

---

[5] Neste plano estrutural, a história dupla (ou as duas histórias entrelaçadas) que o novo roteiro do filme narra é também e sobretudo uma história de vingança, uma possibilidade tradicional do gênero policial (que o filme irá também inteligentemente tangenciar, com o uso do suspense preparatório para o seu duplo desfecho), ainda que o fio condutor (e, no segundo caso, o meio) da vingança seja o poder culinário adquirido astuciosamente por Nonato e que é descrito com muito cuidado imagético e algum grau de autonomia e de prazer, que são justamente características diferenciais deste filme.

[6] Numa cena bem anterior, quando Zulmiro está "ensinando" Nonato a fazer a massa para o pastel, depois que este ajunta a farinha de trigo e quebra um ovo em cima dela, começando a amassar a massa formada, Zulmiro diz duas vezes: "aperta, aperta que nem bunda de mulher!", em fala que não aparece no roteiro e que indiretamente também prepara (como uma "semente" narrativa) o papel sexual e gastronômico que a bunda de Íria, com um quê de macabro, terá no desfecho. Devo a observação deste detalhe importante ao breve e inteligente artigo "El cine latinoamericano sigue con sus procesos estomacales" de Frank Padrón Nodarse no seu livro *Co-cine: el discurso culinario en la pantalla grande* (Padrón, 2011, p. 105).

que Nonato prepara com cuidado, fritando-o com alecrim e azeite numa frigideira, para poder depois comer, realizando o que poderíamos chamar de uma literalidade monstruosa, que enfim esvazia o deslocamento ameno da linguagem figurada com sentido sexual, na conhecida expressão "comer a bunda" (de alguém).

Um depoimento de Marcos Jorge revela, por sinal, a curiosa história da criação deste *gran finale*, que não é nem dele nem de Lusa Silvestre, mas de Cláudia da Natividade:

> Depois de algumas semanas escrevendo, o roteiro tomava forma e ficava cada vez mais consistente, mas o final do filme não saía. O final do conto original e todos os outros finais que eu e o Lusa pensáramos eram fracos para dar conta do suspense que vínhamos criando com a supressão do porquê do Nonato estar na cadeia. Uma noite, chego em casa e comento com a Cláudia o impasse. Ela me sugere então um final fortíssimo, surpreendente. Na mesma hora vacilei, disse que não dava, que era demais para a história, que não podíamos acabar o filme assim... No dia seguinte, em meu escritório, revi meu ponto de vista, lembrei-me do Manifesto Antropofágico de Oswald de Andrade (só a antropofagia nos une) e vi que o final sugerido por Cláudia era mesmo perfeito, e completamente coerente com a história que estávamos criando. Liguei para o Lusa e contei a sugestão da Cláudia. O Lusa reagiu exatamente como eu, no dia anterior: que não dava, que era demais, que não podíamos etc. No entanto, naquela mesma tarde ele me ligou, tendo caído em si: o final era aquele, obviamente. E foi (Silvestre; Jorge; Natividade, 2008, p. 27-28).

Mas se a cena da bunda cortada de Íria (na cama) figura um dos dois fins da história (ou o fim de uma das duas histórias), o outro fim sendo o da cena da bunda (entrevista) de Nonato no beliche de cima da cela da prisão (o do chefão dos "bandidos" que ele agora passou a ser), as cenas iniciais são as da boca de Nonato contando a história do queijo Gorgonzola e a de Bujiú recusando a presença de um queijo tão fedido no interior da cela da prisão, como se (no limite) fosse possível figurar (através do conjunto da história do filme) um caminho da comida que vai da boca (mas que é também a que fala) até a bunda, que é por onde ela sai finalmente transformada em excremento. Mas creio que essa sugestão é apenas indireta e mediada tanto pelas palavras (na boca) quanto pelas nádegas (ou bunda) que não acontecem de ser exatamente o orifício anal (ou cu), ainda que ela tenha sido feita pelo próprio Marcos Jorge:

Ninguém nota, é óbvio, mas, desde a primeira versão do roteiro, tínhamos planejado que o filme começasse na boca do protagonista e acabasse em seu traseiro, assim como o sistema digestivo, que transforma tudo, todas as delícias que preparamos e comemos, em excrementos. O percurso de Nonato pela história do filme refaz o percurso da comida em nosso corpo. Além de um filme divertido, queríamos que as pessoas vissem no *Estômago* também a metáfora de uma sociedade que, com seus mecanismos de poder, acaba degradando o talento (no caso de Nonato, o talento culinário) e o amor (claramente representado pela Íria), e mudando as posturas éticas (Silvestre; Jorge; Natividade, 2008, p. 26-27).

No entanto, para que a boa comida exerça um poder de sedução imediato é preciso que os que comem não só se deixem penetrar intensamente pelo prazer gustativo (e olfativo), mas que também não se satisfaçam facilmente, ou seja: que sejam vorazes e queiram sempre comer mais (indo muito além da mera satisfação temporária da fome), como é o caso de Bujiú e de Íria, que são bem gordinhos e cujas bocas (em cenas homólogas) aparecem cheias de comida – com o detalhe de nem chegarem a beber nada para acompanhar (o que, no limite, poderia parecer inverossímil) – e mastigando rápida e sofregamente, o que também dificulta muito ou quase impossibilita a fala, relegando-os a uma espécie de animalidade (pois, como diz a etiqueta tradicional, "falar de boca cheia é falta de educação").

Ora, assim como eles tentam falar de boca cheia, no mais das vezes comendo com as mãos, eles também encherão a boca com palavras pesadas e obscenas, ou seja: usando sem nenhuma vergonha alguns "palavrões" bem sujos, inclusive para elogiar a comida, o que poderia ser interpretado equivocadamente (já que, usados oportunamente, os palavrões trazem justamente algum sabor ou "grão de sal" à linguagem ordinária ou formal) como uma mera vulgaridade e signo de rebaixamento social, que aliás são bastante verossímeis (em contextos sexistas e machistas como o da prisão e o do baixo meretrício) e condizem bem com o seu estatuto transgressivo de criminoso e de prostituta.

No caso de Íria, numa primeira cena, ela aparece pelada, com suas <u>coxas bem roliças</u>, uma barriguinha e também seios fartos (e fellinianos), junto a uma geladeira (de madrugada) pegando um prato com quatro <u>coxinhas também bem grandes</u>, como se acentuar a homologia entre a sua forma e a daquilo que ela quer imperiosamente comer. E, numa outra cena plástica e simbolicamente ainda mais emblemática, ela aparece nua sendo comida por trás por Nonato, o que libera sua face e sua boca para comer com as mãos um prato de "macarrão (*penne*) à putanesca" (com o possível duplo sentido do termo já antecipado por Nonato que, ao ouvi-lo pela primeira vez, entende: "puta vesga", como se ela mesma enxergasse mal de tanto desejo de comer), realizando simultânea e como se circularmente (cuja imagem ideal seria a de uma cobra mordendo o próprio rabo ou, numa esfera apenas sexual, a de uma acrobata praticando em si mesma uma cunilíngua) a satisfação dupla de um desejo sexual e gastronômico, mas com sinais simetricamente inversos e complementares ("sendo comida" e "comendo", como se em um duplo preenchimento dos dois orifícios: o anal e o bucal).

Nestas relações de superposição ou homologia formal, ainda que simetricamente invertida, entre estes dois elementos (e não apenas a de seu conteúdo alimentar ou sexual), seria possível talvez detectar aqui surpreendentemente algo cuja força maior estaria não apenas em uma conexão metafórica, mas também metonímica, como sugeriu certa vez Roland Barthes (no ensaio "A metáfora do olho") para a imagem do olho e a do ovo (enquanto glóbulos brancos) e a do líquido (que deles pode escorrer) na eroticamente ultratransgressiva *História do olho* de Georges Bataille (Bataille, 2018, p. 119-128). No entanto, na cena final do assassinato duplo de Giovanni e Íria, seguida pela da fritura de um pedaço (ou pequeno bife) da bunda de Íria, para ser literalmente comida por Nonato, parece haver um duplo esvaziamento de ambas as figuras de linguagem em direção a uma estranha e inumana literalidade do comer carne humana.

De qualquer modo, o risco de uma estrita consideração moral negativa da gula ou da lascívia (se consideradas, por exemplo, tradicional e genericamente como dois dos "pecados capitais"), por irem além do necessário à satisfação da fome ou do desejo sexual, e respeitando uma noção demasiado convencional de medida, é o de assim não perceber também o quanto o prazer gustativo (e olfativo) de comer bem ou o prazer táctil de fazer sexo gostosamente excedem de longe a mera satisfação da necessidade (para a sobrevivência individual ou a da espécie com a procriação, sobretudo na modalidade hetero não anal) e constituem, por isso, algo cuja finalidade não é externa ao próprio ato do consumo que, com isso, é liberado para uma deliciosa e soberana gratuidade.

Boa comida, mas não necessariamente cara

O que, no entanto, torna o filme tão simpático (e socialmente oportuno em um país onde a imensa maioria da população é pobre) é o fato de que a boa comida irá primeiramente ser inventada pelo talento culinário de Nonato para ser servida no modo modesto de quitutes bem alimentícios e baratos como os pastéis (de carne) ou as coxinhas (de frango) em um boteco popular como o de Zulmiro, sendo que depois Nonato aprenderá a cozinhar mais refinadamente com Giovanni alguns vários pratos italianos no restaurante *Bocaccio* (e não no SESC, como no conto inicial "Presos pelo estômago" de Lusa Silvestre), mas ele apenas utilizará esse talento e saber para, sobretudo com o uso adequado de bons temperos (donde o seu apelido de "Alecrim") conseguidos pelos assistentes de Bujiú, transformar os materiais relativamente precários da comida na prisão (com o seu ordinário arroz com feijão malfeito e alguma carne moída de boi ou de frango, para não falar do uso eventual e improvisado de formigas içá com alho torrado e farinha à maneira de um tira-gosto como na Colômbia) em uma comida surpreendentemente deliciosa, como um "xinxim de galinha com arroz ao molho de coco e farofa de dendê" ou um "bife gordo ao alecrim", ao modo de uma feliz gambiarra.[7]

Mas também a bebida clandestina mais comum na cadeia (e não os bons vinhos estrangeiros do grande e pantagruélico banquete final), a cachaça grosseira de fabricação caseira chamada de "Maria Louca" e tomada no máximo com algum limão e gelo, será transformada pelo tempero especial que é a angustura (que Nonato aprendeu a conhecer no drinque chique e forte composto também por gin, Vermute e Campari que é o "Negroni") tornando possível também na cadeia uma embriaguez mais rápida que não exclui um possível bom gosto gastronômico.[8]

---

[7] Estes pratos, com seus bons temperos (incluindo também, além dos tradicionais alho e cebola, a pimenta e a pimenta do reino ou o amendoim no caso do xinxim), são – como as coxinhas de galinha e os pastéis de carne no bar do Zulmiro – de custo relativamente barato, o que não é o caso do "leitão ao forno" ou do *carpaccio* servido no grande banquete final em homenagem ao bandido Etcétera, ou do "espaguete à meia-noite" feito por Nonato para Íria na cozinha do restaurante *Bocaccio*. Os ingredientes e modos de feitura destes pratos foram compilados no "Livro de Recitas do *Estômago*", que é um apêndice do roteiro do filme (ver Silvestre; Jorge; Natividade, 2008, p. 265-287).

[8] Caberia dizer ainda que se é o consumo excessivo de "Negroni" que leva Nonato a uma cena de ciúme violento na boate em que Íria fazia um *striptease*, será o consumo excessivo de um bom vinho italiano o que dá coragem a Nonato para matar (por ciúmes) Íria e Giovanni no desfecho do filme, assim como será também um bom vinho italiano o que dá coragem a Nonato para (na prisão) envenenar mortalmente o feijãozinho de Bujiú no banquete pantagruélico final em homenagem a Etcétera. A bebida alcoólica tem, portanto, no filme (além do possível prazer gastronômico) também um papel de perigoso meio para a passagem ao ato em cenas de violenta vingança, mas apenas no último caso sem alguma consequência desastrosa.

Neste sentido, o testemunho do diretor Marcos Jorge, que havia morado e aprendido a cozinhar na Itália – incorporando uma tradição de *savoir vivre* ("saber viver") ou qualidade de vida básica que depende de toda uma atenção e gasto de tempo no preparo e consumo da comida[9] – é decisivo:

> Desde os primeiros encontros com o Lusa, estabelecemos que *Estômago* seria uma ode à gastronomia, mas não àquela refinada e culta, típica dos filmes internacionais sobre o assunto: o que nos interessava era a *baixa-gastronomia*, a culinária de boteco. Em geral, os filmes gastronômicos falam de *alta* cozinha. Basta lembrar de *Vatel, Como Água para Chocolate, Simplesmente Martha,* ou *A Festa de Babette*. Mesmo *O Cozinheiro, O Ladrão, Sua Mulher e o Amante* (talvez aquele que, dentre os de tema culinário, mais tem a ver com o *Estômago*) abordam o tema a partir de um restaurante fino. No *Estômago*, o que queríamos era mostrar a beleza dos pratos populares, e a preparação deles em ambientes, como frequentemente acontece, precários. Mesmo assim, queríamos que o filme deixasse o público com fome (Silvestre; Jorge; Natividade, 2008, p. 23).

E eu poderia confessar, apenas como um testemunho possível, que nas inúmeras vezes em que revi o filme para poder fazer este breve comentário, senti em todas elas algum desejo de comer despertado pela preparação e o consumo desta boa comida popular, assim como eu já pudera experimentar deliciosos e baratos pratos populares (dentro da tradição culinária mineira, como um "ora-pro-nóbis com costelinha", uma "canjiquinha" ou um "pescoço de peru") em algumas favelas de Belo Horizonte a partir de 2017 no "Circuito Gastronômico de Favelas" (organizado por Danusa Carvalho), que jamais encareceu os preços dos bons pratos ou tira-gostos, como foi progressivamente o caso do festival "Comida di Buteco" que, a partir de 2000, tentou valorizar os botecos de bairros burgueses ou de classe média de BH.

Neste sentido, é de algum modo importante também a verossimilhança ou o realismo de todo o preparo culinário da comida, naquelas cenas de transição entre o primeiro (o do bar do Zulmiro e o do restaurante *Bocaccio*) e o

---

[9] Eis o que diz Marcos Jorge: "O homem é o único animal que cozinha, logo, poucas coisas são tão intrinsecamente humanas quanto a culinária. Além de fazer cinema, e de vê-lo como fabuloso instrumento de compreensão do ser humano, eu gosto muito de cozinhar. Aprendi a fazê-lo na Itália, onde vivi toda a década de 90. Lá, a culinária é coisa séria e bastante difundida entre a população: praticamente não há italiano que não cozinhe. Lá, aprendi a respeitar o momento das refeições como algo sacro, um momento de encontro privilegiado entre as pessoas" (Silvestre; Jorge; Natividade, 2008, p. 21).

segundo (o da prisão) momentos temporais do filme, incluindo eventualmente a decisiva boa escolha dos ingredientes (que curiosamente aparece, no filme, como um ensinamento do chefe arrogante Giovanni, na variedade de cores e texturas visuais representando os sabores e odores de um Mercado Municipal) e o carinho e cuidado (com toda a difícil questão do *timing* e do modo de cozimento) na feitura da comida, o que – na linguagem apenas visual e sonora de um filme (que, por definição, exclui material ou fisicamente o gosto, o olfato e o tato, que são decisivos na degustação de qualquer comida) – será recuperado ou sugerido em duas dimensões a partir de uma fotografia nítida e em *close* (dirigida habilmente por Toca Seabra), assim como pelo uso do *slow motion* e de uma trilha sonora (a cargo de Giovanni Venosta) que por sua amenidade e repetição cativante sugerem o oposto do automatismo e da pressa mecânica do *fast-food*.

Ainda que exista um limite que é justamente o que os dois primeiros governos de Lula e o primeiro de Dilma tentaram afastar de vez, ou seja: a fome (com o "fome zero"), e que no governo de ultradireita de Bolsonaro e na fatídica recessão econômica da pandemia voltou vergonhosamente a se disseminar, Marcos Jorge parece ter conseguido propor uma abordagem alternativa para a questão do prazer gastronômico que ainda era inédita no cinema brasileiro, sem perder de todo uma básica dimensão crítica, mas também com a vantagem de uma certa leveza do humor. Vejamos, pois, o que ele diz:

> Um fato muito importante a ser destacado sobre o *Estômago* é que, apesar de sua aparência fabulosa (no sentido de fábula), trata-se de um filme bastante realista, especialmente no que se refere à vida dos protagonistas. A história é completamente inventada, mas poderia ter acontecido. E o relevante, ao afirmar isso, é que com *Estômago* procuramos escrever um roteiro que falasse da vida dos miseráveis de maneira não paternalista (coisa bastante comum no cinema brasileiro, desde sempre). Mesmo os muito pobres riem, se divertem juntos, fazem piadas, gozam. Nem tudo são lágrimas e sofrimentos na vida dos que sofrem e choram. E a culinária é certamente um dos poucos prazeres acessíveis a quase todos, inclusive aos pobres. Aliás, a culinária é a única forma de *arte* acessível a quase todos (menos aos que passam fome, é óbvio[10]) (Silvestre; Jorge; Natividade, 2008, p. 25-26).

---

[10] Restaria dizer que o problema mais grave é justamente este "óbvio" dos "que passam fome" (e podem ser muitos) e que recentemente foi reatualizado com uma violência tão escandalosa quanto a das inúmeras mortes desnecessárias pela Covid-19, devido ao descuido deliberado do governo Bolsonaro.

Seria útil, neste sentido, tentar (no contexto do cinema brasileiro) minimamente situar *Estômago*, como o fez com argúcia Denise Azevedo Duarte Guimarães em "O filme *Estômago*: comida, diversão e arte" (Guimarães, 2009), na contramão tanto de uma "estética da fome" (tal como intitulada por Glauber Rocha) do Cinema Novo nos anos 1960 e 1970, quanto de uma estética ou espetacularização da violência que seria própria ao chamado "Cinema da Retomada" nos anos 1990[11] (e da "Pós-Retomada" nos anos 2000), ainda que aí permaneça uma lacuna relativa aos possíveis traços característicos diferenciais do Cinema Marginal nos anos 1970. Pois se a perspectiva da "estética da fome" era a de uma denúncia mais crua e direta visando a uma transformação social revolucionária,[12] algo que foge de todo à proposta não diretamente engajada ou não "politicamente correta" de *Estômago* (ainda que o filme tenha também uma dimensão de crítica social), a perspectiva (própria do gênero policial) da violência urbana do chamado "Cinema da Retomada" – onde, por exemplo, os traficantes e a polícia corrupta não sofrem nenhum problema de falta de comida, boas bebidas e drogas – corre de fato o grande risco de uma espetacularização confortável e folclorizada da violência que o esvazia de qualquer dimensão política mais crítica,[13] o que no caso de *Estômago* curiosamente se dá por uma conversão inteligente da crítica aos privilégios da alta gastronomia (com o que ela supõe de flagrante desigualdade social) em direção à possibilidade

---

[11] Também no artigo *"Estômago*, o filme: uma análise projetando a comida enquanto prato principal para o cinema" de Uliana Kuczynski (2008, p. 253-258) podemos encontrar uma breve e útil tentativa de caracterização de *Estômago* no contexto do cinema brasileiro da chamada "Retomada".

[12] "Sabemos nós – que fizemos filmes feios e tristes, estes filmes gritados e desesperados onde nem sempre a razão falou mais alto – que a fome não será curada pelos planejamentos de gabinete [...]. Assim, somente uma cultura da fome, mirando suas próprias estruturas, pode superar-se qualitativamente: e a mais nobre manifestação cultural da fome é a violência (Rocha, 1965. On-line: www.estetica-dafome-manifesto-de-glauber)" (*Apud* Guimarães, 2009, p. 194).

[13] "Não se pode tratar do assunto sem lembrar a polêmica causada pelo artigo 'Da Estética à Cosmética da Fome', publicado no *Jornal do Brasil*, julho de 2001, no qual a pesquisadora Ivana Bentes retoma o manifesto de Glauber Rocha. A autora entende a retomada dos temas do Cinema Novo (a miséria e a violência), por parte do cinema brasileiro contemporâneo, como uma forma de espetacularização. Destarte, seriam os filmes atuais destituídos do sentido afirmativo e transformador presente naquelas obras que buscavam reverter, num impulso criador mítico e onírico, a pobreza e a miséria latino-americanas, com ênfase nos fenômenos ligados à fome" (Guimarães, 2009, p. 195).

de uma boa e gastronômica cozinha popular, onde o prazer pode coexistir com o baixo custo.

E o efeito de prazer causado no espectador do filme pelas imagens de preparação e consumo da comida – em meio a uma trama policial (e de suspense) de três assassinatos que traz também uma história infeliz de amor por uma prostituta, prendendo sempre a atenção do espectador –, no que poderia ser considerado pejorativamente como um fácil e vulgar cinema de entretenimento,[14] é, muito pelo contrário, um inequívoco signo da eficácia deste filme como cultura de massa que, não por isso, precisa abdicar de uma dimensão crítica na apresentação das precárias condições de vida de um cozinheiro de boteco, uma prostituta ou um detento na prisão numa cidade grande brasileira nos anos 2000 (ou na desigualdade social implícita no comércio da alta gastronomia), unindo inteligentemente como complementares as tradicionais funções do divertimento e da instrução para uma arte narrativa ficcional como continua a ser hoje hegemonicamente o cinema.

Referências

BARTHES, Roland. A metáfora do olho. Tradução de Samuel Titan Jr. *In*: BATAILLE, Georges. *História do olho*. Tradução de Eliane Robert Moraes. 2 ed. São Paulo: Companhia das Letras, 2018. p. 119-128.

CANAN, Adriane. *Estômago: do conto ao roteiro (caminhos e decisões dos roteiristas)*. 2011. 96 f. Dissertação (Mestrado em Literatura Brasileira) – Universidade Federal de Santa Catarina, Florianópolis, 2011.

CORAL, Guilherme. Estômago: crítica. Blog *Plano crítico*, 21 fev. 2017. Disponível em: https://www.planocritico.com/critica-estomago/. Acesso em: 12 dez. 2021.

GUIMARÃES, Denise Azevedo Duarte. O filme Estômago: comida, diversão e arte. *Revista CONTRACAMPO*, Niterói, n. 20, p. 188-204, ago. 2009.

JANOT, Marcelo. Banquete de humor inteligente. Blog *Críticos*, 15 abr. 2008. Disponível em: https://criticos.com.br/?p=1359. Acesso em: 12 dez. 2021.

---

[14] E a este efeito de prazer na recepção do filme pode ser associado – pelos depoimentos do diretor e dos outros dois roteiristas – o que foi também o prazer da produção do roteiro (e do próprio filme), como se a discretamente sugerir que o sofrimento e o sacrifício não são necessariamente as "nobres" condições primeiras para a produção e a recepção (por que não? bem prazerosas) de uma obra de arte eficaz, como um filme ou um prato de comida.

KUCZYNSKI, Uliana. Estômago, o filme: uma análise projetando a comida enquanto prato principal para o cinema. *Revista Vernáculo*, Curitiba, n. 21-22, p. 253-258, 2008.

MACHADO, Arlindo. Pré-cinemas: o cinema das origens. *In*: MACHADO, Arlindo. *Pré-cinemas & pós-cinemas*. Campinas: Papirus, 1997. p. 76-170.

PADRÓN, Frank Nodarse. El cine latinoamericano sigue con sus procesos estomacales. *In*: PADRÓN, Frank Nodarse. *Co-cine: el discurso culinario en la pantalla grande*. La Habana: ICAIC, 2011. p. 102-108.

SILVESTRE, Lusa. Presos pelo Estômago. *In*: SILVESTRE, Lusa. *Pólvora, Gorgonzola, Alecrim*. São Paulo: Jaboticaba, 2005. p. 17-36.

SILVESTRE, Lusa; JORGE, Marcos; NATIVIDADE, Cláudia da. *Estômago: roteiro*. São Paulo: Imprensa Oficial do Estado de São Paulo, 2008. Coleção "Aplauso Cinema".

3
Comidas do sem fim em
A história da eternidade

Luiz Eduardo Andrade

A história da eternidade (2014) é um filme escrito e dirigido por Camilo Cavalcante, cuja ação narrativa se passa em um povoado do sertão do Nordeste. Naquele lugar supostamente isolado, sete personagens protagonizam, em três núcleos narrativos, desde cenas cotidianas a eventos marcantes. O título, tanto eloquente quanto presunçoso, à primeira vista, revela a ousadia do filme em se propor a contar a história desse signo/símbolo que remete a um dos mistérios fundamentais do Ser. A Eternidade simboliza a suspensão do tempo, uma existência sem fim, o ponto de encontro de todos os tempos no presente: "é a afirmação da existência na negação do tempo" (Chevalier; Gheerbrant, 2023, p. 470). O filme é realmente uma afirmação da vida no sentido mais profundo da existência, pois quando os afetos e desejos ignoram os códigos social e historicamente estabelecidos, o tempo é metaforicamente negado com a assunção do destino.

Considerada a amplitude dos vocábulos "história" e "eternidade", é justo destacar como qualidade do filme a ausência de debates verborrágicos. Nada é distraidamente fingido na aparência do que é encenado. A película narra o sensível sem tirar os pés do real – do drama, no sentido antigo de ação; além disso, percebe-se a interligação de símbolos, porém evitarei cair na tentação de sistematizá-los para dedicar especial atenção à forma como o alimento metaforiza um traço de eternidade na história, seja pela recorrência cotidiana, seja pelo significado profundo da comida, seja pelo gesto de ofertá-la a quem precisa de acolhimento.

Apesar de não ocupar o centro da tela, são raras as passagens sem a presença de algum item alimentício. A rotina temporal no povoado se caracteriza pela repetição de gestos, enquanto diversos momentos significativos se desdobram nos encontros durante as refeições – tanto no almoço quanto no jantar. Essa opção narrativa traduz muitas das sociabilidades presentes no filme, denotando, inclusive, a existência de um pensamento organizador da trama em que a presença da comida potencializa vários dos significados extraídos da história.

Como ponto de partida, é inevitável dizer que o número Três, e o Triângulo por derivação, têm valor ímpar na história, como símbolo da eternidade, da perfeição, da harmonia, da proporção. Lembremos também que, além das tríades religiosas, três são as fases do tempo e da vida – passado, presente e futuro; nascimento, maturidade e morte (Chevalier; Gheerbrant, 2023, p. 987). Não por acaso certamente, três são os núcleos de personagens e as partes que dividem o filme. Cada história demanda acontecimentos que amadureçam e se reinserem a cada capítulo, mas atravessados pela transformação dos personagens. Como se operasse em sentido ascendente, na introdução, é a morte de um pássaro e de uma criança que anunciam *A história da eternidade*, cujo encerramento, após 120 minutos, pressupõe um novo ciclo.

O desejo é encarnado nos personagens principais, que efetivamente criam, produzem, fabricam – no humano e no mundo – gestos que desconhecem argumentos, verdades, pessoas, tradições, dogmas. Em certa medida, a resolução das histórias seria verossímil – se factualmente já não se repetiu mundo afora – em muitas culturas e épocas; essas dimensões humanas (do desejo) retratadas no filme parecem confirmar Deleuze e Guattari quando dizem que "não é o desejo que se apoia nas necessidades; ao contrário, são as necessidades que derivam do desejo: elas são contraproduzidas no real que o desejo produz" (2010, p. 44). Como consequência, essas necessidades se convertem em excessos que geram violência e vida naquele plano de realidade.

Sobre a escolha do sertão, que costuma induzir leituras já estereotipadas relacionadas à queixa da escassez decorrente do clima semiárido, o filme de Camilo Cavalcante ignora completamente essa tradição, pois não falta comida nem água em nenhuma casa. Claro que a época era de seca, não há abundância, mas há o necessário. A chuva, como contraponto, inclusive marca o clímax do filme e se encerra teatralmente como gesto poético da história após uma morte. Naquele lugar, que não tem o nome revelado, o real se apega ao cenário sertanejo para garantir uma estética visual e uma ética dos costumes. Frente a isso, os conflitos de vida e morte revelam seres desejantes que fazem de *A história da eternidade* a realização do extemporâneo.

Aqui se demarca nitidamente uma diferenciação desse longa-metragem em relação a outros do gênero, bastante comuns na filmografia brasileira. Sem cair em generalizações, o filme, ao fim e ao cabo, mostra que a história da eternidade está na vida de cada indivíduo em relação consigo e com os outros, entretanto permanece com homens, em sua maioria praticando, os atos mais violentos entre si, enquanto as mulheres sustentam o fio da vida em todas as vicissitudes.

***

Após a introdução, as seções do filme são "Pé de galinha", "Pé de bode" e "Pé de urubu". Ciscando inicialmente a história das três mulheres, a primeira parte apresenta a velhice na figura de Das Dores (Zezita Matos) – a avó que espera o neto regressar da cidade grande; a maturidade de Querência (Marcélia Cartaxo) – com o abandono do marido e a morte precoce do filho; e a juventude de Alfonsina (Débora Ingrid) – com seu sonho de conhecer o mar e a paixão pelo tio.

A segunda parte é aberta com a imagem de quatro bodes mortos pendurados em uma algaroba no cenário árido da caatinga.

A história da eternidade, 1'04'53.

A paisagem ao fundo contém ainda cactos como mandacarus e xiquexiques. A cena "rústica" é bastante comum no sertão e ilustra o modo artesanal como é feito o tratamento dessa carne. Os animais sugerem ser a comida da festa de quinze anos de Alfonsina, mas também é comida do cotidiano, tanto que é a comida (e animal) mais citada no filme. Além disso, como sinal de animação, o título faz referência à sanfona de oito baixos, popularmente conhecida como "pé de bode" no Nordeste. O capítulo é, portanto, o momento de alegria do filme.

A história da eternidade, 1'28'26.

A imagem que abre o capítulo final retrata uma árvore seca, mais escurecida que as demais da paisagem árida, onde vários urubus pousam lentamente. Em *Vidas secas*, por exemplo, esses bichos acompanham a família de retirantes, vistos como moribundos, desde as primeiras cenas. No imaginário popular essa ave está associada à má sorte, mau agouro, luto; quando avistada, geralmente sinaliza a presença de carniça ao redor – apesar disso os urubus realizam uma importante função no ecossistema. Como se presume, esta seção do filme lida com a fatalidade da morte, nesse caso dois homicídios.

Toda ação narrativa se dá em primeiro plano – no presente – sem recuos ou avanços no tempo. O lugar mais longe que dêixis – temporal e espacial – alcança é a imaginação de Alfonsina e seu desejo de conhecer o mar. O silêncio preenche boa parte das cenas, não há reflexões de pensamentos nem narrador que exponha a vida interior das personagens, tudo o que acontece está na tela – na palavra ou nas expressões corporais dos atores.

Com suas poucas casas, um bar, uma igreja, um televisor público e uma cabine telefônica, o terreiro do povoado é o palco dramático onde o artista Joãozinho (Irandhir Santos) expõe sua arte e também morre na frente da comunidade; no interior das moradias, que são os bastidores, as transgressões revelam a potência do desejo. As casas de Das Dores, Querência e Alfonsina centralizam os mencionados núcleos de personagens e, em alguma medida, representam também o estado emocional dessas mulheres.

Dona Das Dores vive só, numa casa repleta de fotografias dos familiares, imagens de santos, um oratório e enfeites de porcelana, porém esvaziada pela morte do marido e a partida da filha para São Paulo, de onde subitamente regressa o neto Geraldinho (Maxwell Nascimento). A chegada do jovem, que nasceu e passou a infância no povoado, é motivo de alegria para a avó, que organiza o quarto e cuida afetuosamente do neto ofertando sempre, como é de se esperar naquele contexto, boas comidas. Antes da chegada ela vê fotos dele ainda criança, diga-se ao lado de bodes, e projeta sobre ele durante o filme um olhar vinculado à infância.

A história da eternidade, 54'27.

Na cena acima ele almoça a comida do cotidiano e descobre que está comendo jerimum. Enquanto conversam, a avó pede ternamente que o neto a chame de "voinha", porque sente voltar a um tempo bom, e comenta dos costumes e da aparência dele, com brincos, tatuagens e cabelo tingido de loiro. Sem repreendê-lo, Das Dores expressa a estranheza e logo "aceita" o neto. É importante ter essa passagem em mente porque a cena final entre eles representa o que chamo de comida da eternidade.

Na outra casa, Querência é uma mulher com idade em torno de quarenta anos, porém bastante maltratada pela vida. Após a morte de um filho, foi abandonada pelo marido. A casa escura, sem qualquer ornamentação, demonstra o esvaziamento afetivo e o desalento pela vida. Em oposição à amargura dessa personagem, aparece a figura do sanfoneiro Cego Aderaldo (Leonardo França), morador do povoado. Sabendo do sofrimento de Querência, resolve declarar seu amor antigo; a recusa dela é imediata, afinal estava passando um luto terrível. Não satisfeito, promete que vai tocar sanfona diariamente na frente da casa dela até ser convidado a entrar. A música de Cego Aderaldo é ofertada como "pão diário". Esse diálogo é significativo porque se relaciona à cena adiante em que ela oferta o almoço para ele. É a comida do cotidiano como presente, gratidão pela presença e gérmen do amor; com simplificado apelo poético, sustentado pelo cumprimento da promessa e a consequente entrada na casa de Querência, é o núcleo mais sóbrio e otimista da trama.

Alfonsina protagoniza *A história da eternidade* com seu tio Joãozinho. Esse núcleo contém o pai da adolescente e mais quatro irmãos homens. A mãe deles abandonou Nataniel, passando Alfonsina a desempenhar o papel de "mulher da casa", cozinhando para todos, inclusive o tio, que mora na casa defronte e recebe diariamente da moça as suas refeições. A trama mais complexa do filme ocorre justamente nesse núcleo. Além da simetria das casas onde vivem, o pai e o tio figuram em lados opostos da história: Nataniel é um homem rude, que lida com animais e com a terra naquele contexto de aridez; Joãozinho é o artista do povoado, sua casa é repleta de livros, discos e obras que produz para suas apresentações na feira da cidade. Joãozinho é visto por Nataniel como doido, não só porque é artista, mas também porque tem crises epiléticas.

A casa do artista é um mundo de fantasia para a menina, como se em meio à aridez da casa onde vive – com o pai e os irmãos –, ela pudesse imaginar outro mundo. A comida que levava diariamente para o tio garantia a visita diária ao teatro; ou talvez fosse a oferenda à divindade da arte que alimentava Alfonsina com as histórias. Em uma cena curiosa, Joãozinho está almoçando e amarra um osso de galinha numa espécie de rede feita de barbante de algodão cru, vazada, com miçangas, objetos, pedaços de embalagem de papel costurados juntos – como creme dental, remédio, talvez em referência a sua doença. Patuá, relíquia, fragmento, resto, que alegoria carrega o osso da comida de Alfonsina naquele "Atlas da vida presente"? Ou talvez seja uma mera referência ao capítulo "Pé de galinha".

A história da eternidade, 39'21.

Em uma das cenas mais belas do filme, Joãozinho faz uma apresentação na frente de sua casa ao som da música "Fala", escrita por João Ricardo e Luhli, interpretada pelo grupo Secos & Molhados em disco homônimo (1973), com a voz de Ney Matogrosso. Como estamos falando sobre comida, vale dizer que a capa do disco é uma imagem com a cabeça dos quatro integrantes da banda ofertadas em uma mesa sugerindo um banquete.[1]

A história da eternidade, 50'28.

Vestido inicialmente em roupas militares, com as plaquetas de identificação no colar, ele tira o casaco e dança sem camisa. Em seguida quando entra na música o "zumbido" do teclado de Zé Rodrix, Joãozinho pega a rede e abre as asas bastante iluminado pelo sol da tarde Enxergo nessas asas um manto de apresentação em referência a Bispo do Rosário,[2] sendo que as palavras escritas no manto do artista sergipano agora são cantadas pelo personagem. A casa de Joãozinho não é um "quarto-cela", mas se converte em oficina, teatro, refúgio dos pensamentos.[3] Não por acaso, interpreta uma música que diz:

> Eu não sei dizer nada por dizer
> Então eu escuto
> Se você disser tudo o que quiser
> Então eu escuto

---

[1] Cf. https://bit.ly/3GRLqFz.
[2] Cf. http://tinyurl.com/2djpva5h.
[3] Também em 2014 foi lançado o filme *O Senhor do Labirinto*, que retrata a vida de Arthur Bispo do Rosário.

Fala
La, la la, la la la, la la la
Fala

Se eu não entender, não vou responder
Então eu escuto
Eu só vou falar na hora de falar
Então eu escuto

A cada giro da câmera sugere-se que aquilo está sendo dito aos quatro ventos, para todas as direções, para ser escutado e visto na sua performance. O palco do real é o terreiro de sua casa, por onde todos os transeuntes cotidianamente passam. Se não valorizam suas apresentações de poesia na feira, Joãozinho se mostra artisticamente no chão do mundo, ao plano em que todos pisam. Poesia dita como palavra jogada no tempo, levada na poeira que vai assentar para longe.

***

A primeira cena do filme mostra uma criança magra, sem camisa, atirando num pássaro enquanto uma pessoa toca sanfona embaixo de um umbuzeiro seco. Em seguida passam alguns caprinos tangidos por uma mulher. O que pode parecer uma brincadeira de criança, e talvez o seja em alguma medida para o menino, é o primeiro alimento que aparece no filme. Quem já andou pelo sertão já deve ter visto estilingues – badogue, bodoque, atiradeira – sendo vendidos em feiras. Uma forquilha, alguns pedaços de borracha, a liga de soro, um couro para segurar a pedra, está pronto, com direito a peças de reposição vendidas separadamente. Desde cedo faz parte do jogo atirar em alvos. Se a perspectiva urbana da infância transformou em objeto de travessura, na terra da "educação pela pedra" o primeiro ato do filme é uma violenta pedrada para arranjar comida. A presença da criança suaviza a cena, mas não impede de pensar que naquele lugar, como diz João Cabral de Melo Neto: "Lá não se aprende a pedra: lá a pedra, / Uma pedra de nascença, entranha a alma".

Bastante comum no semiárido, a ave é uma rolinha que ainda se debate no chão quando é apanhada, inclusive cai das mãos do menino, que em seguida põe de volta no aió. O gesto é conhecido. Naquele contexto, caçar animais para comer ainda é uma realidade. Desde cedo aprende-se, por exemplo, quais os bichos podem ser comidos, de forma que a morte é naturalizada pela necessidade de sobrevivência.

O umbuzeiro seco que centraliza a imagem também remete à aridez do lugar, posto que é uma das árvores da caatinga que mais resistem aos períodos de estiagem sem perder as folhas. Quando acontece é porque o período é crítico. A câmera parada sugere estaticidade do tempo, o que acontece está sendo captado na íntegra, o menino gigante na tomada inicial é quem mais se aproxima da objetiva, recurso conhecido como *tail-away* – utilizado em várias outras tomadas do longa. Em seguida a criança senta-se ao lado do sanfoneiro, quando na sequência passa o cortejo com enterro do filho de Querência. Pessoas e animais entram e saem do quadro enquanto a paisagem permanece imobilizada.

A história da eternidade, 2'01.

O sepultamento é uma cena forte. Na tomada os personagens e animais estão solenemente imóveis enquanto Querência joga a primeira terra sobre o caixão do filho. A cova é rasa, foi aberta e fechada por Nataniel e o pai da criança. A perspectiva da câmera sugere um aprofundamento com o ângulo do muro do cemitério e as demais sepulturas ao fundo, muitas inclusive sem o jazigo.

A cena seguinte mostra Querência sentada à mesa de sua casa, com tudo escuro, apesar da luz do dia lá fora. Quando ao fundo se vê o esposo partindo com uma mala na mão sem dizer nada. Em atuação sensível, a atriz Marcélia Cartaxo, demonstra no olhar e na aparência da personagem a profundidade do luto de ter um filho morto, agravado talvez por ser ainda criança. É um questionamento já feito sobre a "justiça" do mundo na literatura universal. Querência não diz uma palavra e prende um inseto em um copo sobre a mesa, como se o animal naquela condição representasse junto com aquela escuridão o estado dessa mulher. O escuro importa como recurso imagético porque no decorrer do filme aquela mulher vai se iluminando até gerar outro filho.

Penso em que medida importa para narrativa esse personagem ser cego. Se não fosse, impactaria de que maneira a impressão do filme? Dentre muitos significados na literatura e algumas hipóteses que prefiro não expandir, é notável que na primeira cena entre ambos permanece uma sombra de dentro até a frente da casa de Querência, é final de tarde; mas na cena seguinte, logo que acorda, o sol ilumina a casa, e o rosto dela através da janela. No primeiro dia da promessa, lá está Cego Aderaldo tocando alegremente, dizendo ao final da música um sonoro: "Bom dia, Querência!". Sentindo mais que enxergando, ele é a luz para a escuridão dela – que não sabia mais o que era amor e que só conhecia desaforo.

Aderaldo é um Apolo sertanejo que, apesar de não ter a visão, devolve o querer viver a Querência por meio da presença com sua sanfona. Sol e música são símbolos do filho de Leto com Zeus. Essas referências estão inclusive na promessa do sanfoneiro quando diz: "Te prometo uma coisa: ficar na porta da tua casa todo dia, da hora em que o sol aparece até a hora em que ele se esconde [...] até o dia em que tu vai abrir essa porta e deixar o meu bem querer entrar pra tomar conta de tu". Assim Aderaldo cumpre. É comum vê-lo em outras tomadas justamente sentado num tronco, embaixo da árvore seca defronte à casa da mulher amada.

Tempos depois, já demonstrando autoestima, Querência sai de casa com um prato de comida para ofertar ao pretendente e diz: "Olha teu almoço". Após interromper a música, ele identifica pelo cheiro que é macaxeira com carne de sol e ambos riem da situação. A cena é leve e animada, como continuação da festa de aniversário, quando ambos conversam alegremente. A oferta da comida é sinal de afeição e agradecimento pela presença dele diariamente na porta da casa alimentando a mulher desejada com sua arte.

A história da eternidade, 1'21'02.

A oferta da comida é sinal de bem-querer, tanto que, antes de comer, Cego Aderaldo protagoniza uma das cenas mais belas ao perguntar com sofreguidão se tinha chance de Querência gostar dele um dia. A resposta é que ainda está machucada e que por ora ele fica lá fora tocando que ela estará lá dentro escutando. Não satisfeito, ele pergunta se pode ter esperança. Ela se abaixa, tira o chapéu do músico e beija a testa dele, retribuindo assertivamente.

***

Dessa primeira escuridão a câmera passa à luz piscada em flash no quarto de Alfonsina. Cada vez que a luz acende, a câmera mostra uma imagem. Inicialmente os dedos ligando e desligando o interruptor-pera segurado na mão, em seguida mostram-se cortes como as pernas balançando, objetos do quarto, fotografias de praias e, por último, a menina deitada de bruços na cama com a mão no queixo olhando de maneira infantil e sonhadora para uma parede onde estão colados vários recortes de imagens de praias em vários formatos. No rádio toca a canção romântica "Forever", da banda Pholhas.[4] Todo o cenário e o piscar de luzes remetem justamente ao universo onírico de uma garota de histórias infantis como Alice – que sonha com aventuras incríveis e vive muitas delas no País das Maravilhas; Wendy Darling e a Terra do Nunca em *Peter Pan*; Dorothy Gale que sonha com o mundo além do arco-íris em *O mágico de Oz*.

Como se de súbito caísse de uma nuvem para a terra, ao fim da cena um dos irmãos abre a porta do quarto, desliga o rádio e diz: "Pai chegou. Bota a janta". De pronto Alfonsina levanta e vai para a cozinha servi-los. Com quatorze anos, ela é a única mulher da casa e vive com o pai e quatro irmãos. Naquele espaço, a moça assume a função de dona de casa, sabemos depois que a mãe abandonou Nataniel. Em nenhum momento o filme problematiza a condição de Alfonsina, na verdade, dentro daquele contexto, todos desempenham seus papéis tradicionais: os filhos homens trabalham na roça e a mulher cuida da casa.[5]

A primeira tomada da cena do jantar já demonstra como se organizam as hierarquias na casa de Nataniel: ele é o pai, situado na cabeceira da

---

[4] Cf. https://bit.ly/3vbeLs7.

[5] O conceito de "gastropolítica" formulado por Arjun Appadurai é também uma chave de leitura perspicaz das relações e hierarquias no filme. Cf. Appadurai (1981).

mesa, ao centro da imagem, a câmera por trás sem mostrar a face, enquanto a luz fraca ilumina apenas o rosto dos rapazes, dois em cada lado e a filha em pé, como em todas as cenas nessa casa. Após o enterro, essa é a primeira participação efetiva de Nataniel, de quem inicialmente só se ouve a voz seca redarguindo um dos filhos quando este pergunta à irmã se tinha ovo, e ela se propõe a fritar porque só tinha bode guisado. Nataniel diz: "Traga o bode logo! Nessa casa não tem luxo. O que come um, come todos. E quem tiver achando ruim pode ir embora procurar meio de vida".

A casa permanece em silêncio e Alfonsina põe a mesa servindo primeiro o pai, os rapazes se serviram, mas percebe-se que um deles põe no prato apenas cuscuz e caldo da carne. Não fica claro se o luxo é comer ovo ou uma comida diferente dos demais. Enquanto jantam, Alfonsina pede ao pai para fazer o prato do tio, que permite a contragosto e diz: "Vai. Vai alimentar aquele doido dos infernos". Nenhuma cena mostra Alfonsina comendo; ou melhor, é ela que alimenta diariamente o pai, os irmãos e o tio.

Na primeira ocasião em que leva a comida, pede ao tio Joãozinho para falar como é o mar. Ele se recusa, mas ela insiste e ele comenta que ela "puxou à mãe"; está ensaiando e faz então uma apresentação do poema "Amar", de Carlos Drummond de Andrade, que tem os versos:

> Que pode uma criatura senão,
> entre criaturas, amar?
> amar e esquecer,
> amar e malamar,
> amar, desamar, amar?
> sempre, e até de olhos vidrados, amar?
> [...]
> Amar a nossa falta mesma de amor, e na secura nossa
> amar a água implícita, e o beijo tácito, e a sede infinita.

Ao final do ato, Alfonsina diz que acha linda a palavra "infinito". Como se vê, não é por acaso que há pouco escutava uma música cujo título pode ser traduzido como "para sempre". *A história da eternidade* é um filme que costura efetivamente esses sinais durante a história, tanto que nas cenas finais antes da chuva a câmera mostra o bordado da palavra "infinito" num paninho nas mãos de Alfonsina. Quando começa a chover, Joãozinho declama "Pronome" de Torquato Neto e ela atravessa o terreiro e vai em direção a ele para dar o paninho de presente. Nesse momento ele tem outra crise epilética, a sobrinha corre para acudir e percebe-se que limpa a baba dele no paninho.

***

Nataniel é um personagem associado à crueza da vida no filme, desde a primeira cena quando ajuda a enterrar uma criança. Sempre que está presente surge algum conflito ou desmancha algum prazer. Foi assim na primeira cena de Alfonsina vendo as imagens de praias no quarto; depois quando chega para o almoço enquanto ela se deleitava com água salgada. Mais uma vez, na cena, o pai está no centro da imagem, de costas para a câmera. A filha serve a comida no prato dele antes dos irmãos se servirem. A comida é arroz, feijão e galinha de capoeira.

A história da eternidade, 26'20.

Um dos filhos expressa seu contentamento com a comida e diz: "Pense numa galinha de capoeira boa. Só tu mesmo, Alfonsina", na sequência outro retruca: "Mas a galinha que mãe fazia era boa desse jeito, se não fosse melhor!". O pai nada fala, embora lance um olhar fulminante para o filho que falou na mãe deles. Diante daquele mal-estar, Alfonsina muda de assunto e pede ao pai, como presente de aniversário, levá-la ao litoral para conhecer o mar. Ele reprova o pedido e reclama que a situação econômica não está boa devido à seca; ao fim pergunta se ela "não vive nesse mundo", indiretamente associando-a ao tio artista. É a seca e a abundância do mar em cena; não é à toa que a profecia se cumpre no final do filme. Entretanto, naquele momento, Nataniel diz que vai matar quatro bodes e fazer um forró para comemorar os quinze anos dela.

Vai se perceber no decorrer do filme que Nataniel aparece em cenários escuros ou frios de tons azulados, como a primeira cena no bar quando come tira-gosto de bode e bebe rum. Na ocasião combina com Galo Cego, proprietário do lugar, que dali a um mês faria um forró em comemoração à festa de 15 anos de Alfonsina, na sequência diz ainda que vai comprar três tubos de rum e três caixas de cerveja, além de matar os quatro bodes.

No dia da festa todos os principais personagens estavam no bar do Galo Cego. Querência sai de casa pela primeira vez já com o semblante renovado. Geraldinho dança com uma moça e desperta ciúme na avó, que já vinha demonstrando desejo sexual. Cego Aderaldo anima o forró e depois vai conversar com Querência.

O local está animado, com as pessoas confraternizando no terreiro; dentro do bar está Nataniel sentado com dois companheiros fumando e bebendo. É nítida a separação de cores entre a parte externa – de tom mais avermelhado, onde a maioria dos moradores come, bebe e dança animadamente – e a parte interna, onde Nataniel está, é mais azulada, tem aspecto frio, decadente. A imagem abaixo retrata a cena em que ele levanta de seu lugar e se encaminha para o terreiro após ver Alfonsina dançando com Joãozinho. A transição para o plano da alegria é desconfortável para o pai, que desaba aos pés da filha pedindo desculpas.

Ao fim as luzes se apagam e a festa termina. No dia seguinte, após ter "visto o mar", Alfonsina aparece novamente servindo o almoço na sua casa. A tomada da cena inicia de maneira diferente das anteriores, agora a câmera está no mesmo plano da mesa, de frente para o pai, situado ao fundo da imagem com os filhos em primeiro plano. Alfonsina está chateada, por isso após colocar as panelas na mesa, não serve o pai, que está cabisbaixo e olha desconfiado para a filha, não reclama, permanece calado e se serve antes dos filhos, como sempre.

A história da eternidade, 1'11'17.

O gesto é sutil, porém da maior profundidade, pois significa duplamente o amadurecimento e a ruptura da filha com o costume. Quem conhece essa realidade sabe que não é uma atitude insignificante, mais ainda por ser Nataniel, um homem rude de poucos gestos afetuosos com os filhos.

***

Conhecer o mar representa para Alfonsina a realização de seu maior desejo. A cada referência ao lugar acrescenta-se um significado ao sonho e um estágio de maturidade da moça. A cena em que está cozinhando e se molha com água salgada sensualiza o gesto. Ela prova o gosto salgado e se molha na face, deixando a água escorrer sensualmente. Escuta-se ao fundo dessa cena o som das panelas borbulhando, sugerindo que algo está em ebulição na protagonista.

Na leitura de Gustavo Barcellos, "assar carnes de animais diretamente no fogo é um ato histórico e simbolicamente masculino" enquanto "cozer em meio líquido, dentro de panelas que estão dentro de cozinhas, que estão dentro das casas, é um gesto feminino" (Barcellos, 2017, p. 109). É realmente curioso notar que todas as mulheres no filme cozinham carnes guisadas e no aniversário os bodes estão sendo assados na brasa por homens.

Novamente sobre a cena em que molha o rosto, a luz que incide no copo com líquido embranquecido parece uma lâmpada acesa, ao fundo se vê o pacote de sal. Se na primeira aparição da jovem a luz ainda piscava, agora, na cozinha, está plenamente acesa. A aparência infantil também vai se transformando, à medida que se aproxima do aniversário.

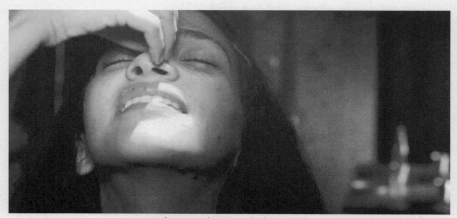

A história da eternidade, 25'44.

O tato e o gosto salgado proporcionam a Alfonsina uma experiência com o mar. Segundo Michel Serres, "a pele é uma variedade de contingência:

nela, por ela, com ela tocam-se o mundo e o meu corpo, o que sente e o que é sentido, ela define sua borda comum. Contingência que dizer tangência comum: mundo e corpo cortam-se nela, acariciam-se nela" (2001, p. 77).

Sem desconsiderar os vários significados do mar na literatura – associado ao desconhecido, à aventura, à jornada, à passagem – interessa-me pensar que a água salgada, devido a sua natureza de constante movimento e mutação, remete ao fluxo da vida que se revelará ao final do filme. A água salgada sugere uma relação metonímica com o mar, porém produzida artificialmente naquele contexto sertanejo ganha ares de simulacro relacionado à liberdade e ao amadurecimento de Alfonsina.

Em *A história da eternidade*, o gosto está na fronteira da sensação com o desejo. Novamente, como diz o poema de Drummond: "Amar o que o mar traz à praia,/ O que ele sepulta, e o que, na brisa marinha, / É sal, ou precisão de amor, ou simples ânsia?". O amor é terreno do desconhecido, do inesperado, do presente. A Alfonsina que sai infantilmente pela janela do quarto, trajando uma blusa verde e um short rosa, ambos de tom bebê, poeticamente guiada pelo tio através da caatinga, já havia debutado, agora tinha 15 anos, e não volta a ser a mesma depois de conhecer o mar. Estreava ali uma nova personalidade, tanto que tenciona beijar Joãozinho, que recusa. Quando caminham de volta escuta-se ao longe o zurrar de um jumento, popularmente associado à excitação sexual.

A história da eternidade, 1'18'12.

Depois disso Alfonsina só vai reaparecer na trama no momento da chuva, quando socorre Joãozinho. Na cena está usando um vestido azul que, molhado, destaca a silhueta do corpo da protagonista. O mar acompanha a personagem até o fim, sempre ressignificado: a primeira cena predomina a visão com os recortes de praias colados na parede; em seguida o tato e o paladar na cozinha; depois ganha do tio como presente de aniversário a experiência de conhecer o mar, agora com o som das conchas[6] – além da visão, do tato e do paladar; e no fim, usando um vestido vermelho, com o olhar perdido das noivas que ficaram por casar, resta apenas o som do mar, sem qualquer imagem na tela escura.

***

Como disse anteriormente, a casa de Das Dores representa a culminância do filme em relação à comida, por isso digo que a avó oferece ao neto a comida do sem fim, da eternidade. Na chegada de Geraldinho, que vem de São Paulo, ele pergunta como estão as coisas e a senhora diz: "está tudo igual, por essas bandas o tempo demora a passar. O tempo se arrasta". E na sequência fala que vai preparar um "almocinho". O uso de almoço no diminutivo indica afetuosidade. Em outra ocasião ela oferta um banquete com baião de dois e bode guisado. O rapaz elogia o almoço e diz que vez por outra lembrava dessas comidas, mas que não tinha o mesmo tempero da avó. Na sequência ela se anima ao vê-lo se refestelando e diz: "Então coma, Geraldinho. É tudo feito de coração para você".

Imbuída de curiosidade, no decorrer do filme, a senhora vasculha o guarda-roupas do neto, olha vagarosamente uma cueca e também descobre uma revista de pornografia. Folhear as páginas provoca, ao mesmo tempo, estranheza e desejo, além de ser a descoberta de que aquele menino que saiu de lá ainda criança agora é um homem adulto. Resignada, sente-se culpada e entrega-se às orações. Mais adiante vê o neto dormindo apenas de cueca, sente desejo e cobre-o com um lençol. Na saída do quarto a câmera centraliza o foco numa parede com imagens da família, Das Dores se demora vendo culpadamente um retrato dela com o falecido esposo. Todas essas ocasiões vêm acompanhadas de repressão por meio de preces e até autoflagelamento.

O capítulo "Pé de urubu" se inicia com um telefonema que deixa Geraldinho agoniado. Pelo visto descobriram onde está, ou seja, sabemos ali que

---

[6] A concha, dentre outros objetos e gestos de Alfonsina no filme de Camilo Cavalcante, inclusive o sonho com o mar, não passam despercebidos pela música "Alfonsina y el mar", do pianista Ariel Ramírez e do escritor Félix Luna, popularizada na voz de Mercedes Sosa. A canção, como se sabe, é uma homenagem à poeta argentina Alfonsina Storni, que cometeu suicídio em 1938.

ele foi para a casa da avó se esconder. Um sinal já havia sido dado no filme, quando logo nas primeiras cenas no povoado, o rapaz chega no terreiro para assistir televisão e está passando uma reportagem sobre como os leões caçam as zebras. No dia em que é descoberto, Geraldinho não se alimenta e avó se preocupa. Vem a chuva, acamado com febre, Geraldinho conta à avó que estava fugindo porque fez muitas coisas ruins em São Paulo.

Com ternura de mãe, a avó acolhe o neto. Como mulher, na impossibilidade de atender o desejo sexual, nos momentos finais Das Dores converte-se em mãe dando o peito para o neto mamar antes de ser assassinado. O ato de oferecer o seio materno é um símbolo reconhecido de nutrição e cuidado, remetendo à imagem arquetípica da Grande Mãe como uma figura que oferece sustento e proteção. Na tradição católica, por exemplo, há imagens da Virgem Amamentando, a Virgem do Leite, que remete à Virgem do Leite da Deusa Mãe oriunda do paganismo romano, que foi incorporada ao cristianismo, também um reflexo da deusa Íris amamentando seu filho Hórus, como explica Juan Arias.[7] A oferta do peito também remete outros personagens da história ligados à morte e renascimento como Édipo e Mérope, Héracles e Hera, Rômulo e Remo, Moisés.

Obviamente que não há leite para alimentar o neto, entretanto o gesto reflete o lugar de acolhimento mais profundo do Ser: ele como filho eterno, independentemente dos erros cometidos, nunca perde esse lugar; a mulher tem em si mesma a potência da maternidade, o lugar de acolhimento eterno, enquanto geradora da vida, oferece o primeiro alimento, assim nunca deixa de ser mãe.

A história da eternidade, 1'42'51.

---

[7] Cf. https://bit.ly/3RzvVr3.

Deitado no colo da voinha, Geraldinho em posição fetal, volta a ser criança no seu estágio mais primitivo, e ela àquele tempo bom do passado que sonhara quando criou a expectativa de regresso do neto. Naquele instante o tempo está suspenso, só existe a eternidade do presente, ela como mãe e ele como filho. O leite é elixir da vida, símbolo de nutrição, representa o lugar da imortalidade em algumas culturas (Chevalier; Gheerbrant, 2023, p. 610). O motivo da volta independe, não é esse o ponto; nesse sentido o assassinato acrescenta uma dimensão trágica à narrativa, visto que a eternidade também cobra.

***

Na última tomada, ao som da sanfona, a câmera abre a cena direcionada à abóbada celeste, mimetizando a abertura de um olho voltado para o sol, para o azul do firmamento. É o recomeço do tempo após a chuva. Tal como está escrito na seção "Da criação ao dilúvio" do Gênesis, quando se narra o primeiro dia do tempo: "Deus chamou à luz 'dia', e às trevas 'noite'. Houve uma tarde e uma manhã: primeiro dia" (Bíblia de Jerusalém, 2012, p. 33). Na sequência do filme percebo referências aos três primeiros dias bíblicos: a câmera divide a tela entre o "céu" e a "terra", depois conhecemos o "fruto" e ao fim, com o som do mar, enxergamos o "firmamento das águas". Já na Bíblia, do segundo ao terceiro dia, foi assim: "Deus chamou ao continente 'terra' e à massa das águas 'mares', e Deus viu que isso era bom. [...] A terra produziu verdura: ervas que dão semente segundo sua espécie, árvores que dão, segundo sua espécie, frutos contendo sua semente, e Deus viu que isso era bom" (Bíblia de Jerusalém, 2012, p. 34).

Ao final, as três mulheres-eternidades se encontram. Querência tinha ido embora após a chuva e volta trazendo a filha dela com Cego Aderaldo, que toca sanfona no terreiro; Das Dores acena solitária de sua casa; enquanto Alfonsina, depois do aceno para ambas, com seu vestido vermelho e aspecto amadurecido, escuta o mar – seguindo o conselho do tio Joãozinho. A profecia é que o "sertão vai virar mar", e vira, porque na verdade o mar "tá dentro de tu", de mim, de nós... Como uma fotografia do tempo sem fim – o eterno –, restrita a um enquadramento espacial onde a comida, a sensação e o desejo tonificam a experiência das personagens com o presente, *A história da eternidade* é uma elegia ao amor e à vida, que resistem apesar da aridez da terra e dos indivíduos, dos desalentos, dos abandonos, das perdas e das transgressões.

Referências

A HISTÓRIA da eternidade. Camilo Cavalcante: Aurora Cinema; República Pureza, 2014. 1 DVD (120 minutos).

APPADURAI, Arjun. Gastro politics in Hindu South Asia. *American ethnologist*, New York, v. 8, n. 3, p. 494-511, 1981.

BARCELLOS, Gustavo. *O banquete de psique: imaginação, cultura e psicologia da alimentação.* Petrópolis: Vozes, 2017.

BÍBLIA de Jerusalém. Tradução de Euclides Martins Balancin *et al.* São Paulo: Paulus, 2012.

CHEVALIER, Jean-Claude; GHEERBRANT, Alain. *Dicionário de símbolos: mitos, sonhos, costumes, gestos, formas, figuras, cores, números.* 38. ed. Tradução de Vera da Costa e Silva *et al.* Rio de Janeiro: José Olympio, 2023.

DELEUZE, Gilles; GUATTARI, Félix. *O anti-Édipo: capitalismo e esquizofrenia.* Tradução de Luiz B. L. Orlandi. São Paulo: 34, 2010.

SERRES, Michel. *Os cinco sentidos: filosofia dos corpos misturados – I.* Tradução de Eloá Jacobina. Rio de Janeiro: Bertrand Brasil, 2001.

4

"É triste a pessoa gostar sem ser gostada": cinema–comida–poema em *Viajo porque preciso, volto porque te amo*

Otávio Augusto de Oliveira Moraes

> *Você é meu caminho*
> *Meu vinho, meu vício*
> *Desde o início estava você*
> (Caetano Veloso, "Meu bem, meu mal")

Em sua afamada conferência, "Linguística e poética", Jakobson propõe um modelo de pergunta. De acordo com o linguista, "A poética trata fundamentalmente do problema: o que é que faz de uma mensagem verbal uma obra de arte?" (2001, p. 118). O texto é dos anos sessenta, mas, como um bom clássico, segue irremediavelmente jovem.

Retomo a interrogação de Jakobson pois acredito que ela me auxiliará na tarefa de pensar *Viajo porque preciso, volto porque te amo*. Faço essa aposta pois penso o filme, sua estrutura, enquanto uma espécie de deriva estética. O filme pensando os limites entre o fenômeno estético e a linguagem hodierna. Ou melhor, o filme, delicadamente, apagando as fronteiras entre o poético e o banal.

Cabe, antes de tudo, falar sobre a voz no filme, sobre ser um filme de voz. O protagonista é interpretado pelo ator Irandhir Santos. Não de uma maneira convencional, um corpo em movimento. Escutamos apenas a voz do personagem, como se acompanhássemos sua viagem a partir dos fragmentos que ele produz. Fotografias, filmagens, gravações. É um filme no qual o recurso do voice-over, talvez melhor traduzido como dublagem, dá liga as imagens em movimento. A unidade do filme é a voz.

Uma voz fundamentalmente lírica, capaz de realizar a analogia proposta por Paz (1984, p. 15) acerca do poema: "[...] o poema é um caracol onde ressoa a música do mundo". Caracol, pois, enovelado sobre a própria carne-carapaça. Caracol, pois, sempre no limite entre a casa e o mundo. Carregar a casa nas costas, carregar o mundo nos pés.

No caso, tal voz se faz poética exatamente por disputar sílaba a sílaba o próprio sentido. Sentido que escapa, desobedece, foge das tentativas de ordem propostas pelo personagem. O filme pode ser parafraseado como a aventura da palavra à revelia do autor.

No começo, quando o geólogo José Renato parte de Fortaleza rumo ao sertão, o seu discurso é a palavra de um técnico. Um homem armado pelo método calculando o espaço. Pensando o possível, no caso a viabilidade de um canal. Nos termos do personagem: "Pesquisa geológica das estruturas tectónicas para implementação do canal de águas ligando a região do Xexéu ao Rio das Almas" (Viajo..., 2010, 2'22-2'28). O filme avança enquanto o espectador assiste, atônito, o esgarçar da técnica. A incapacidade de fazer do discurso um instrumento. José Renato não consegue dar um uso à língua.

Antes de adentrar propriamente nessa poderosa crise da linguagem, quero falar um pouco sobre os seus meios. O narrador-personagem apresenta, logo no início do filme, seus instrumentos. Eles são, respectivamente,

> Mochila para carregar amostras, soro antiofídico com as seringas hipo-dérmicas, martelo, bússola geológica e caderneta de campo, lupa de bolso 8x, lápis litográfico, trena de dois metros e ímã, estereoscópio de espelho, cantil, ácido clorídrico diluído, transferidor e compasso (Viajo..., 2010, 2'32-3'30).

Junto aos itens acima estão aqueles utilizados para o registro do seu ofício: uma câmera e um gravador. A intenção primeira do personagem é fazer de tais objetos uma extensão da sua consciência crítica, do seu letramento de geólogo. Através deles o personagem dará vazão a sua capacidade de ler as montanhas, as rochas, os declives.

Novamente lidamos com um impasse propriamente poético, o maqui-nário que permite ao geólogo registar o mundo tem como função o registro do real. Nesse sentido, tanto as imagens quanto o discurso são assumidos enquanto neutros, projeções objetivas. Porém, exatamente por desobedecerem a sua finalidade primordial se constituem poéticas, propriamente artísticas. Isso pois o poeta "não trabalha com o signo, o poeta trabalha o signo verbal" (Pignatari, 1987, p. 10).

Quando Décio propõe a substituição da preposição "com" pelo artigo definido "o", ele expõe as entranhas do poema. A poesia não enquanto um "uso" da palavra, uma mediação entre meios e fins. A poesia enquanto a própria forja da palavra, lá onde os instrumentos são fundidos e escangalhados. Nesse sentido, a originalidade do filme talvez esteja na constituição do personagem enquanto alguém que experimenta tal estado de poesia, mas a contragosto. Uma espécie de Midas, porém no lugar do ouro o verso.

**

A crise que funda o filme-poema não emerge de maneira abrupta. O filme é talhado através de uma sucessão de fraturas. Não por acaso, a primeira é marcada por um chamado biológico básico. O narrador encerra a descrição dos objetos que trouxe para a expedição com uma pausa de alguns segundos, silêncio. O que dá fim ao silêncio é o imperativo de ir ao banheiro, "pausa para mijar". Silêncio novamente. Então ele diz "Eita vontade de voltar" (Viajo..., 2010, 4'0-4'2). São os primeiros ruídos do geólogo, sua consciência escapando ao método.

O gravador oscila, guarda em suas entranhas metálicas a voz de José Renato descrevendo o solo, suas irregularidades. Guarda também cartas de amor. O narrador endereça a Galega, sua companheira, palavras, palavras e mais palavras.

A passagem de um uso a outro do instrumento não me parece dual, binária ou oposicional. O que eu vejo é uma transição, uma progressiva mistura entre o jargão profissional, os dizeres de cientista, e o deambular do cantar amoroso. Nesse sentido, o primeiro contato com a paisagem humana dessa grande viagem é precioso. Com a palavra José Renato (Viajo..., 2010, 5'46-6'32):

> São 12 horas da manhã. Aproveito o trabalho de mapeamento para fazer contato com os poucos habitantes, que vai ser necessário para a desapropriação da terra, que vão servir para a travessia do canal. Seu Nino e Dona Perpétua vão ser os primeiros a serem desapropriados. Estão casados há mais de cinquenta anos. Nunca tiveram outra casa, nunca tiveram uma briga, nunca dormiram uma noite longe um do outro. Seu Nino saiu para desligar o rádio e eu pedi para ele voltar, não quis filmá-los separados.

No trecho acima temos um dos primeiros desenlaces do filme. A razão prática que leva o geólogo a registrar em sua câmera o casal de idosos é docilizada. O casal está lado a lado, tendo ao fundo coloridas relíquias religiosas no que parece ser um oratório doméstico. A cena compõe não apenas uma documentação burocrática de um processo legal, mas sim a evocação de um imaginário amoroso. O reverso de um fim, a utopia de um amor ordeiro, durável e sereno. O gesto mínimo de Seu Nino, tentar desligar o rádio, golpeia José Renato.

A intervenção do geólogo, seu pedido para que o marido retorne ao lado de sua esposa, de nome Perpétua. É uma espécie de direção de José Renato, como se o personagem tentasse retomar o controle do mundo exterior, do seu processo de produção de sentido. Um sismo no coração da linguagem.

***

O narrador vê na parede de um posto de gasolina um mural. A imagem contém um casal, um defronte ao outro, no que parece ser o exórdio de um beijo. Os corpos não têm detalhes definidos, são vultos, sombras. Rodeados por coqueiros e um céu alaranjado, como se o dia estivesse no seu fim. O sol está exatamente atrás do rosto dos dois enamorados.

Logo abaixo da cena encontramos, em letras amarelas, a seguinte frase: "viajo porque preciso, volto porque te amo". O narrador comenta brevemente a imagem, mas dedica sua atenção ao texto. O lê em voz alta e alguns minutos depois, como se dirigisse a palavra a mulher amada afirma: "Se aqui tivesse correio mandava um telegrama para você com estas palavras, viajo porque preciso vírgula, volto porque te amo, ponto" (Viajo..., 2010, 9'16-10'32).

As duas conjunções que costuram o mural do posto de gasolina, porque e porque, justificam a viagem, justificam o retorno. Elas funcionam como uma pedra de toque, melhor, como um detonador. Um indício, forte demais para ser ignorado, de que o filme progressivamente desmonta a fronteira entre o personagem e o mundo.

***

Galega, Joana, amor da minha vida. Faltam 23 dias e 8 horas para a minha volta e volto porque te amo. Tô cruzando o Estado inteiro, um pôr do sol romântico. Lembro do nosso último pôr do sol juntos, lá na Praia do Futuro. A única coisa que me faz feliz nessa viagem são as lembranças que tenho de ti. Não, não galega, isso é mentira. Não sei escrever carta de amor. Não aguento a ideia de ficar só. Sabia que a única coisa que me deixa triste nessa viagem são as lembranças que tenho de ti (Viajo..., 2010, 11'46-12'35).

Uma carta de (não) amor, eis o que acabamos de escutar. Uma carta que encadeia um momento de indecidibilidade, porta aberta para a grande aventura do filme. O fragmento demarca uma espécie de travessia do Rubicão. A perda das estribeiras do método, do pudor do cálculo. Esse processo, que eu não nomearia de outra maneira senão de lírico, implica em uma distensão do "eu" estrada afora. Tocando o asfalto, os caminhões, os arbustos retorcidos do sertão. Avançando na agonia de uma linguagem que se presta ao uso. É nesse momento que o personagem, mapeando alguns barrancos, faz do mapa uma desculpa para buscar em meio a flora local uma ciperácea. José Renato explica:

> No alto do barranco, cresce uma carqueja; eu subo para fazer novas medidas. Na realidade, o que eu quero é encontrar um tal de ciperácea, que cresce ao redor da carqueja, para levá-la para casa. Essa espécie pode ser fundamental no trabalho de botânica da Galega. Se eu chego com essa flor... quem sabe volta a reinar a alegria lá em casa. Em casa, ela é botânica e eu geólogo, um estuda falhas nas rochas e o outro flores. Um escava a terra e tira pedras enquanto o outro colhe flores: um casamento perfeito. Todo casamento é perfeito, até que acaba (Viajo..., 2010, 23'38-24'02).

Em um primeiro gesto as duas línguas, botânica e geológica são pareadas, como se complementares. Mas ao fim da fala, o arranjo entre as rochas e as flores alcança um estranhamento substancial. A inversão de uma harmonia primeira, um casamento perfeito, é cindido pelo seu próprio fim.

Talvez o melhor caminho para compreender o impasse proposto pelo filme esteja na literatura. Não enquanto a produção de um objeto estético, mas enquanto uma forma de lidar com as aporias da vida. Por esse ângulo, críticos como Kristeva (1987), Bataille (2004) e Barthes (2003) apontam para a dinâmica erótico-amorosa como uma experiência propriamente literária. Seja pela fusão das individualidades ou pelo limbo discurso que enseja. Falar do amor é ambicionar oferecer forma ao informe, portanto, realizar através do discurso uma espécie de fracasso. A impossibilidade da palavra seguir em linha reta. A impossibilidade de fazer da língua uma ponte entre o enamorado e o mundo. O lastro de tal fracasso é o poema, a canção, a carta de amor. Como não lembrar de Mariana Alcoforado (1962, p. 10) ao escutar as lamúrias do geólogo?

> Mil vezes ao dia os meus suspiros vão ao teu encontro, procuram-te por toda a parte e, em troca de tanto desassossego, só me trazem sinais da minha má sorte, que cruelmente não me consente qualquer engano e me diz a todo o momento: Cessa, pobre Mariana, cessa de te mortificar em

vão, e de procurar um amante que não voltarás a ver, que atravessou mares para te fugir, que está em França rodeado de prazeres, que não pensa um só instante nas tuas mágoas, que dispensa todo este arrebatamento e nem sequer sabe agradecer-te. Mas não, não me resolvo, a pensar tão mal de ti e estou por demais empenhada em te justificar.

O enamorado fala sem cessar, é um tagarela. O seu discurso, prenhe de ambiguidade, nem mata nem cura. Na verdade, mantém a ferida amorosa aberta, preserva a dor através do empenho de justificar. Poderíamos encontrar algo semelhante ao embarcarmos nas cartas de Werther (Goethe, 2010). O ponto de encontro dessas diferentes fabulações acerca do sofrer é a impossibilidade de oferecer uma forma acabada para o amor e o seu discurso.

Na incapacidade de oferecer uma forma conclusa para a palavra enamorada, José Renato elabora um arco feliz de linguagem entre a geologia e a botânica. Arranjo infeliz logo na frase seguinte. O que resta de tamanha contradição é a mesma vontade de dizer presente em Mariana e Werther, uma vontade em nada tática. O personagem monologa pretendendo que a mulher amada escuta. O artífice de inventar um remetente ultrapassa o desejo, primário, imposto pela saudade. O que o geólogo pretende é oferecer forma. Nesse sentido, Barthes (2003, p. 33), ao pensar a carta de amor em Werther ecoa também no Sertão.

> Mas, para o enamorado, a carta não tem valor tático: ela é puramente expressiva – para ser exato elogiosa (mas o elogio aqui é desinteressado: e apenas fala de devoção); o que estabeleço com o outro é uma relação, não uma correspondência: a relação liga duas imagens. Você está em toda parte, sua imagem é total, é o que escreve Werther à Charlotte de diferentes maneiras.

A busca pelas ciperáceas é mais um momento de fusão do sofrimento amoroso com a própria viagem. Como se todo o território atravessado fosse composto por fragmentos de Galega. A grande beleza do processo através do qual o filme ganha forma talvez esteja na construção do personagem. O enamorado faz da viagem uma espécie de investigação. Não científica, como a missão oficial pretendia. Uma investigação acerca do amor e do seu discurso. Uma pesquisa na qual a busca pela mulher amada não pressupõe uma caça ao tesouro ou um gesto cavalheiresco. A mulher amada não está escondida, refém de um dragão em uma torre alta. A mulher amada está por toda parte, portanto, o herói viaja porque fala.

***

Começo, finalmente, a falar sobre comida. *Viajo porque preciso, volto porque te amo* é um filme sobre culinária? Não, definitivamente não. É um filme sobre viagem? Provavelmente sim. Fundamentalmente é um filme sobre cinema e as suas possibilidades, um filme de linguagem, eu repito.

Apontei nas minhas últimas falas que estamos lidando com uma dinâmica mais próxima do verso do que da prosa. Não que o texto abdique de um sentido narrativo, de uma continuidade dos fatos, uma elaboração do personagem no tempo e no espaço ficcional. Mas sim porque o filme parte de um arranjo lírico-amoroso. Somado com os recursos do fragmento. O entrecortar das falas pelo silêncio. A desmontagem da imagem pela voz. Realizam saltos semelhantes aos cortes presentes na poesia.

Tal forma de compor não é diferente nos trechos nos quais o alimento ganha vez. A comida é um ponto de tensão também poético. Principalmente em uma chave erótica, afinal, o alimento desvela um apetite ou a sua falta. Em uma de suas falas José afirma:

> Vou dormir em Caruaru, preciso dormir em um hotel direito, com frigobar, cama de casal, ar-condicionado. Não aguento mais ventilador, não aguento mais pardieiro de beira de estrada. Tô morto, tô pregado. É cuscuz com coentro, é tonalito, é carqueja, ciperácea, canal. Não, não é nada disso. Eu fico me enganando o tempo todo. A verdade é que eu não tô me aguentando, vou me esconder no meio daquela feira de gente (Viajo..., 2010, 34'58-36'21).

O alimento é elencado em uma lista de elementos, parte íntima e parte estrangeira. Junto ao sertão, sua formação geológica, sua flora e a pobreza material que o rodeia está o gosto. O cuscuz enquanto alimento local, alimento nativo, é o sabor da própria viagem, seu saber. Afinal, é no prato que o estranho assombra a língua. É no prato que o protagonista tem sua condição transmutada em objeto e em seguida na sua própria interioridade. O cuscuz é a entrada do sertão.

A partir desse momento o filme passa por uma guinada, começando pela própria rota do viajante. Mas avançando para o que talvez seja mais importante do que a própria estrada: o seu olhar, ou melhor, a sua atenção. Se até então ela hesitava entre os imperativos do ofício, o relatório que precisa ser escrito, as fotografias e gravações que precisam ser registradas. Agora os instrumentos recebem novos usos, compõem a deriva do personagem. Tudo vira poema.

O luto dessa relação, agora desnudada enquanto ruína, torna possível o mergulho do personagem no sertão. O que então era informe, repetitivo, transforma-se em invenção. E da invenção vem o apetite, o sabor.

As figuras do discurso de José Renato são a junção entre as pessoas e as paisagens. Reflexos e refluxos da imagem de Galega. O salto seguinte, um salto em direção ao desejo, acontece a partir de um mergulho no mundo. O seu marco, mais uma vez, é o apetite. Transcrevo a fala do personagem: "Olhos de mel, que nem os de Galega. Fui embora rápido, para cada vez mais longe. Cansei de sofrimento. (Pausa) Comprei oito chokitos, seis sanduiches embalados à vácuo. Duas dúzias de Coca-Cola normal e dois pacotes de camisinha com lubrificante" (Viajo..., 2010, 36'12-36'21).

A partir desse momento o sexo adentra o filme. Surge conexo à devoração, ao alimento. Seja por se apresentarem juntos, como parte dos registros, listagens de José Renato ou por abrirem a porta para questões mais gulosas. A superação de um coração partido como o abrir de uma boca em direção ao mundo, faminta. Nesse sentido, a fala que transcrevo abaixo também é importante:

> Larissa, dezenove anos. Foi à São Paulo duas vezes ao trabalho. Tem duas pintas no rosto que me lembram uma atriz de cinema e um piercing no umbigo que foi presente do namorado. Passei a noite no motel com Larissa. O quarto custou quinze reais porque estava em promoção. Café da manhã era grátis e incluía cuscuz, café com leite e suco de polpa de goiaba (Viajo..., 2010, 36'32-36'53).

Agora que o desejo dá rédeas ao que até então tinha como forma a apatia, o geólogo inverte os termos iniciais. A vontade de voltar se transforma em gana de estrada, não voltar nunca mais. Uma sucessão de experiências com garotas de programa é apresentada. Elas são descritas como se fossem parte dos objetos de estudo. Uma descrição aleatória: os nomes e o sexo.

Em meio a essa sucessão de palavras-imagens emerge o que me parece uma cena importante. Um colchão de palha forrado de chita secando ao sol. O personagem vai do objeto para muito além da coisa em si. Ele atravessa o que há de objetivo nessa bela imagem a preenchendo com comentários. Ele fala, medita sobre as razões que levaram ao colchão ao sol. Especula o sexo, os líquidos de uma noite de volúpia. Nas palavras do geólogo: "um colchão de palha com forramento de chita debaixo do sol secando manchas de uma noite de amor. Pano de chita de flores, flores molhadas que nem uma periquita suada, abertinha, com fome" (Viajo..., 2010, 42'15-42'23).

Sua "leitura" da cena não para por aí, ela salta do objeto para o seu criador. Nos cortes seguintes contemplamos a oficina de colchões. José Renato descreve o seu processo de fabricação, mas crava os olhos nos operários, especialmente no mais jovem, Evandro. Ele o descreve da seguinte maneira:

"Evandro cheira a testosterona. Evandro enche de junco aquele pano de chita, lembra uma foda. Evandro tem cara de quem nunca brochou" (Viajo..., 2010, 43'53-44'18).

Acompanhamos, através dos olhos do geólogo, a manufatura dos colchões. Evandro penetrando o tecido de flor com os blocos de junco. Evandro e seu pai costurando as flores. O colchão fazendo as vezes de uma grande boca, uma boca sendo preenchida, uma boca progressivamente satisfeita, inchada, prenhe e enforme. Pronta para ser colchão.

Daqui para frente o filme estabiliza a dinâmica irregular entre o apetite e a sua falta. Existe uma vontade de mundo e o desejo alcança outras formas. O mais evidente está no fim do monólogo, a entrada de Pati no discurso. Ela é dirigida por José Renato. Ele propõe perguntas, pede que ela repita alguns elementos de suas respostas. Pati é dançarina em uma boate em frente a uma feira.

O diálogo entre os personagens se dá com Pati rodeada de caixas de bananas, laranjas e mangas, no que parece ser o núcleo do comércio local. Minha impressão é de que Pati sintetiza a feição poético-erótica, talvez mesmo mística, que o filme assume. Claro que dentro de uma mística profana. Pati afirma o sonho de viver uma vida lazer.

> Pati: Eu queria ter realmente, meu sonho tão alto nesse momento, era uma vida lazer para mim e a minha filha e mais nada.
> José Renato: Mas o que é uma vida lazer?
> Pati: Uma vida lazer é assim, eu na minha casa, eu e a minha filha, o companheiro que eu tiver ao meu lado, para esquecer esse momento todo porque não dá certo. É triste a pessoa gostar sem ser gostada.
> (Viajo..., 2010, 46'57-47'16)

Uma vida "lazer", eis que voltamos ao poema. O lazer na boca de Pati parece significar não exatamente o sentido dicionarizado do termo. Mas sim o lazer como uma palavra solta, um recorte de uma revista de moda. Uma fala do locutor de jornal. O papel amassado de um folheto publicizando um novo condomínio. Uma fala da protagonista de uma novela.

Uma vida lazer é a promessa do fragmento, o sonho molhado de uma inteireza. O fim da viagem. Ver Ítaca depois de vinte anos cruzando a BR. Eis a vida lazer. Conceito e utopia que Pati entrega de maneira gratuita aos instrumentos do geólogo.

José Renato termina a viagem curado, missão descumprida. Relatório pouco ou nada feito. A soma de todas as fotografias, vídeos e gravações que listou no transcorrer do filme é uma imagem exógena: os homens de Acapulco. Mergulhadores corajosos que em um México distante saltam de rochedos em direção ao mar.

Referências

ALCOFORADO, Mariana. *Cartas portuguesas*. Tradução de Maria da Graça Freire. Rio de Janeiro: Agir, 1962.

BATAILLE, Georges. *O erotismo*. São Paulo: Arx, 2004.

BARTHES, Roland. *Fragmentos de um discurso amoroso*. Tradução de Márcia Valéria Martinez de Aguiar. São Paulo: Martins Fontes, 2003.

GOETHE, Johann Wolfgang. *Os sofrimentos do jovem Werther*. Tradução de Marcelo Backes. Porto Alegre: L&PM, 2010.

JAKOBSON, Roman. *Linguística e comunicação*. Traduzido por Izidoro Blikstein e José Paulo Paes. São Paulo: Cultrix, 2001.

KRISTEVA, Julia. *Tales of Love*. New York: Columbia Univ. Press, 1987.

PAZ, Octávio. *O arco e a lira*. Rio de Janeiro: Nova Fronteira, 1984.

PIGNATARI, Décio. *O que é comunicação poética*. São Paulo: Brasiliense, 1987.

VIAJO porque preciso, volto porque te amo. Direção: Marcelo Gomes, Karim Aïnouz. Brasil: Espaço filmes, 2010. 1 DVD (1 hora e 11 minutos).

5

Os cinco minutos mais belos
da história do cinema brasileiro

Patrícia Mourão de Andrade

Luiz Gonzaga toca sanfona e canta um baião em um pátio de terra batida, no fundo de uma casa simples, possivelmente em um sítio. É um dia de festa, ele está no centro de uma roda; sempre cantando, gira saudando todos os convivas, que o acompanham na cantoria. Seguindo o movimento do músico, a câmera também gira sobre o próprio eixo para mostrar os presentes. Uma das mulheres da roda se aproxima do músico, amarra um lenço vermelho em seu pescoço e, como em um ritual de coroação, coloca um chapéu de cangaceiro em sua cabeça. Ainda cantando, ele volta a girar. A câmera também.

De tempos em tempos, uma mulher loira, a única loira daquele espaço, a única mulher que parece não se encaixar naquela realidade, e que tampouco respeita a *mise en scène* circular com corpos ao redor de um astro, entra pela lateral do quadro, em um estado que parece o de um transe. Ela fará isso algumas vezes, sempre invadindo o quadro, como que atraída pelo centro da imagem. Na primeira vez, avança em direção à câmera, forçando-a, com sua caminhada, a recuar até que a luz do sol, pondo-se atrás do telhado da casa – é fim de tarde, entendemos –, estoure a imagem em um clarão que tudo cobre e cega. Enquanto o olho ainda se adapta a esse branco luminoso, por trás do clarão, como que nos resgatando de nossa cegueira, ouvimos a mulher gritar: "o sistema solar é um lixo", "planetazinho vagabundo", "subplaneta" – numa revolta cósmica e *nonsense*. Pouco a pouco, voltamos ao espaço e a câmera retoma seu lugar na órbita de Gonzaga.

A mulher loira entra novamente em quadro, beija Gonzaga, dando-lhe a benção, talvez pedindo a benção; sem nunca parar de cantar, ele sorri de volta. Seu sorriso é largo, generoso. Surge então outra figura estranha ao ambiente, tão estranha quanto a mulher em transe; é um homem e tudo nele é *kitsch*, exagerado, caricato. Como ela, ele sequestra a câmera, que o segue em um discurso messiânico-delirante: "está tudo errado, tudo invertido. Há 6 mil anos que está tudo errado e invertido. Somente agora vejo que são 6 mil anos de fome, está tudo de trás para diante". Fala então de um golpe que teria dado e tenta justificá-lo gritando que precisava "blefar a fome e a rotação universal". Diz tudo isso girando cada vez mais rápido. Tudo gira na sequência.

Enquanto o homem declama e gira, deixamos de ouvir o baião e um narrador em voz *over* finalmente introduz o enredo do filme: "esta é a história de uma aranha que se destrói em silêncio". A loira entra em cena novamente e, ainda em seu transe revoltoso, lançando impropérios contra o planeta, reconduz a câmera para Gonzaga e seu grupo, que recomeçam a cantar. Ela junta-se aos convivas e põe seus braços sobre uma criança com um prato de comida na mão. É o segundo prato de comida nessa sequência filmada em uma tomada só, sem um único corte. Encerrando o longo plano, Gonzaga vai em direção a um matagal, ainda tocando e cantando, seguido por quatro músicos e a loira.

A música avança pela sequência seguinte, interrompida apenas quando uma mulher morena muito magra, visivelmente perturbada, entra em quadro, intercalando berros viscerais de dor de barriga e fome. Essa mesma mulher aparecera antes da cena do baião, ao lado da loira, enquanto esta, debruçada sobre uma janela, provocava o próprio vômito.

***

A morena é Maria Gladys, e isso é tudo que diremos dela neste texto. A loira é Helena Ignez; o homem estranho, José Loureiro, o Zé Bonitinho; o filme, *Sem essa, Aranha*; a câmera, Rogério Sganzerla; o baião, *Boca de forno*.

Quatro nomes icônicos, naquela altura, de campos culturais que não costumam se cruzar: Luiz Gonzaga, entidade vultuosa, grandiosa, de uma tradição musical rural e nordestina, o "rei do baião"; Zé Bonitinho, ícone paródico, *kitsch*, da cultura de massa; Helena Ignez, atriz "musa do cinema novo" e ícone do marginal, companheira de Rogério Sganzerla; Rogério, representante mais celebrado e ruidoso do cinema marginal e companheiro de Helena Ignez. São quatro sóis reunidos em um complexo sistema solar organizado por muitas órbitas: Gonzaga, no centro de tudo, gira sobre si mesmo, rodeado por seus familiares; Helena ao redor de Gonzaga; às vezes de Rogério; Rogério ao redor de Gonzaga, às vezes de Helena, Zé Bonitinho, o "Aranha", sobre si mesmo. Como força gravitacional, uma brincadeira de roda infantil em forma de baião.

***

Dirigido por Rogério Sganzerla, *Sem essa, Aranha* foi filmado no início de 1970 e é um dos seis filmes produzidos entre fevereiro e maio daquele ano pela Belair. Uma produtora caseira, de guerrilha, criada por Sganzerla, Júlio Bressane e Helena, a Belair nos legou algumas das obras mais radicais, milagrosas e *desesperadas* do cinema brasileiro.

Desesperado é um termo que cai bem a quase todos os filmes do que ficou conhecido como cinema marginal, outros são: violento, agressivo, grotesco, bestial, visceral, escatológico, abjeto, histérico, irracional, explosivo, iconoclasta, profanador, limítrofe; também, e ao mesmo tempo: hedonista, festivo, indecoroso, desaforado, despudorado, debochado, avacalhado, anárquico, barato, de mal gosto, kitsch; do ponto de vista formal: antropofágico, fragmentado, improvisado, performático, paródico, não narrativo.[1] Em suma: é um cinema que, entre o alto e o baixo, toma o caminho do baixo com um gozo que delicia tanto quanto choca.

Também maliciosamente apelidado de *udigrudi* (uma corruptela abrasileirada e mastigada de *underground*[2]) por aquele que seria seu mais embirrado e virulento opositor, Glauber Rocha, o cinema praticado por realizadores como Rogério Sganzerla, Júlio Bressane, Andrea Tonacci, Neville D'Almeida e Ozualdo Candeias é um produto do mesmo caldo cultural e político que, no final dos anos 1960, nos legou a Tropicália.

Opondo-se veementemente ao realismo sociologizante do cinema novo, o marginal aproxima-se da cultura de massa e da contracultura urbana com uma energia anárquica e revoltosa e com violência assaltante. Face ao trauma político cristalizado com o AI-5, e a consequente sensação do fracasso estético do projeto cinema-novista e nacional-popular em semear uma consciência revolucionária, o Cinema marginal traduz a crise do artista brasileiro naquele momento. Convertendo a barbárie em pensamento estético, os cineastas marginais investem contra a sensibilidade e o decoro burguês e cristão tanto quanto contra o decoro da sintaxe e da narrativa. Desse contra ataque, nem eles mesmos são poupados: o *udigrudi* não evita o auto deboche histérico e

---

[1] Cf. Ramos (1987).

[2] Termo usado para descrever o cinema experimental norte-americano da década de 1960 de artistas como Andy Warhol, Kenneth Anger, Jonas Mekas, Stan Brakhage. Glauber considerava este um cinema de revolta gratuita, apolítico, de um "lirismo escatológico". Cf. Rocha (2006, p. 347).

agressivo, não poupa o corpo do ator, nem identifica um inimigo ou causa externa para a crise. A crise é interna e deve ser internalizada na narrativa (Xavier, 2012). Para expô-la é preciso retirar das próprias entranhas o que a há de repulsivo e descalibrado na vivência do presente, e então espalhar e expor à luz do dia, para horror de todos, o nosso abjeto comum.

Nos filmes ditos marginais (seus realizadores nunca reconheceram o epíteto, ao contrário do Cinema novo) os personagens comem desavergonhadamente, de boca aberta, dentes à mostra. Lambuzam-se com a comida, espalham-na pelo rosto. Evacuam, cospem, babam e vomitam com o mesmo gozo e desgosto. Eles também soltam berros de agonia, berros viscerais, saídos do fundo das entranhas. O grito histérico e convulsivo, expressão do horror, percorre de ponta a ponta os filmes marginais.[3] Como espasmos no estômago, os urros costumam se repetir até o limite do sentido, como se a cada vocalização tentassem abortar algo abjeto do corpo que o enuncia.

**

Rixas históricas e diferenças programáticas à parte, Cinema marginal e novo estão conectados pela boca e pelas metáforas digestivas, com o primeiro sendo a radicalização ou a real implementação do projeto da estética da fome glauberiana que o Cinema novo não pôde levar às últimas consequências.

"Nossa originalidade é nossa fome" (Rocha, 2004a),[4] declarou Glauber em 1965, naquele que viria a ser o manifesto emblema do Cinema novo. É claro que o cineasta não se referia à condição de milhares de brasileiros, muito menos à imagem da fome, não tão rara na iconografia de denúncia social, tampouco estranha à tradição do realismo regionalista e humanista da literatura e da arte brasileira desde os anos 1930.

A fome, para Glauber, era uma ética e uma estética: uma estética da violência, porque a fome é violenta: "Somente uma cultura da fome, minando suas próprias estruturas, pode superar-se qualitativamente: e a mais nobre manifestação cultural da fome é a violência". O cinema deveria incorporar em seus meios, na sua fatura, o comportamento do faminto e a violência da fome. Ou seja, ele deveria violentar a forma, o espectador, os modos habituais de contemplação de um filme.

---

[3] Cf. Ramos (1987).

[4] Todas as citações do artista são do mesmo texto.

No manifesto, Glauber opõe os filmes do Cinema novo (descritos como precários, mal fotografados, cheios de "personagens feios, sujos e esfomeados, comendo terra, comendo raízes, roubando para comer, matando para comer, fugindo para comer"), à tendência "digestiva" do cinema burguês de gênero. Este último, ligado ao sistema de estúdios, escondia a miséria moral da elite por trás do verniz bem acabado do cinema industrial, tecnicista, comercial, "bem fotografado".

Só a partir de uma estética violência, ele acreditava, seria possível entender a existência do esfomeado – fosse ele um sujeito ou um campo artístico. Não na vergonha de comer ou na emulação das maneiras daqueles que não sentem fome – "o brasileiro tem fome, mas tem vergonha de comer" equivale a "não temos os meios, mas tentamos fazer filmes como se tivéssemos".

Ao menos conceitualmente, enquanto projeto estético, o estômago vazio de Glauber não difere tanto da escatologia indigesta do cinema marginal.[5] Algo, aliás, que um poeta atento e a afiado como Haroldo de Campos não deixou de notar: "O cinema marginal é parente cardial (não necessariamente cordial) do cinema novo. Procede das entranhas deste, de seu epigastro, de seu ventre desventrado (e assim re-ativado em sua vis parturiente do novo), justamente quando o cinemanovismo já começara a dar sinais de exaustão criativa, pela repetição de estilemas e estereótipos" (Campos, 2004).

É verdade que em um a violência tinha uma finalidade e era imbuída de um princípio construtivo: a tomada de consciência por parte do povo, a revolução. O sertão, afinal, viraria mar. No outro, a flecha da história já havia há muito espiralado; no lugar da revolução houvera um golpe, falava-se a partir do desespero e da desesperança, e a pulsão criativa e fundadora (no sentido de que todo ato de criação é uma utopia, uma aposta, por desiludida que seja, na invenção de um novo) era indissociável de uma dimensão autodestrutiva e profanadora.

---

[5] É preciso dizer que este embate talvez tenha sido mais retórico e performático do que real. De um lado, as entranhas começaram a ser reviradas dentro do próprio cinema novo, com *Terra em transe* (1967), e será o próprio Glauber quem irá descrever seu filme como um vômito: "Há um realismo do vômito. Foi muito criticada a estrutura do filme, seu aspecto irrisório. Queria dar mesmo esta aparência de vômito e acho que Paulo é homem que vomita até os seus poemas e as últimas sequências do filme são um vômito contínuo" (Rocha, 2004b, p. 121). Do outro lado, o mais virulento detrator do Cinema novo, Rogério Sganzerla, nunca negou sua admiração por Glauber. O cineasta marginal condenava a capitulação dos cinemanovistas ao desejo de atingir um público maior. Se exagerava suas críticas, era também sabendo que a briga pública traria holofotes para ele (Cf. Sganzerla; Ignez, 1970).

***

Deve soar estranho que alguém convoque um filme, senão indigesto, sobre a indigestão, em um contexto de discussão sobre as relações entre cinema e alimentação. Tanto mais quando o motivo da lembrança está em uma sequência antecedida por um vômito, encerrada com berros de fome e onde não há mais do que dois pratos de comida, nenhum deles com grande protagonismo na cena.

Mas, apesar dos gritos de fome, vejo-a como uma sequência de abundância. Apesar da escatologia, da revolta cósmica e apocalíptica, como uma sequência de celebração. Também uma sequência de conciliação.

A abundância está na paisagem: há bananeiras verdejando. Está, principalmente, na música, inspirada em uma brincadeira de roda infantil. Depois das estrofes iniciais estabelecendo as regras do jogo: "boca de forno / forno / tira um bolo / bolo / onde eu [ou o mestre] mandar vou / e se não for / apanha", o baião deriva para um farto banquete: "um cajá do tamanho de um melão / Tamarindo, doce como mel / Rapadura amarga, como fel / Um bastão de marmelo e uma fita / Quem me trouxer felicidade / Quem me trouxer alegria de verdade". É um banquete, e um banquete feito por crianças.

A cena inteira é estruturada por essa brincadeira infantil que fabula com o alimento e inventa festins em um jogo livre de inversões e oposições poéticas: o pequeno vira grande (um cajá do tamanho de um melão); o azedo, doce (tamarindo e mel); o doce, amargo (rapadura e fel).

Talvez essa seja uma das poucas sequências do Cinema marginal onde a comida não está ligada à indigestão nem o comer à abjeção. Também uma das únicas onde o festejar não é uma catarse hedonista, e está, ao contrário, ligada ao universo infantil.

No Cinema marginal, tão assentado que é na contracultura, praticamente não há crianças – uma lembrança que vem à mente: *A mulher de todos* (Rogério Sganzerla, 1969), numa brevíssima cena onde a personagem de Helena Ignez, Ângela Carne e Osso, passa um cigarro para um menino pequeno, apresentado como seu filho. A criança não tem outra função naquela trama além de reforçar a imagem da protagonista como uma transgressora. Não por menos é abandonado pelo filme logo depois. Por outro lado, adultos infantilizados e idiotizados há aos montes: *Os monstros de Babaloo* (Elyzeu Visconti, 1971), por exemplo. Mas a infância, esta não existe.

No Cinema novo tampouco há muitas crianças, ainda que encontremos algumas belas exceções: *Couro de Gato* (1962), de Joaquim Pedro de Andrade,

Rio 40 graus (1955, um proto-Cinema novo), de Nelson Pereira dos Santos. Elas também estão presentes em *Vidas Secas*, do mesmo cineasta. Mas em nenhum deles, o universo infantil vem associado à fartura, e o lúdico, quando aparece, se aparece, é emoldurado pelo quadro da precariedade e da luta pela sobrevivência.

Não aqui, em *Sem essa aranha*. Ainda que alguns adultos, os únicos alienígenas naquele espaço (Helena e Zé Bonitinho), vociferem contra o terceiro mundo, o subdesenvolvimento, o sistema solar e tentem blefar a rotação universal, naquele momento, naquela sequência, aquela é uma terra da Cocanha, sonhada pela infância.

***

Uma rara ilha de abundância entre a fome e a indigestão já seria o suficiente para que essa sequência figurasse entre uma das mais belas do cinema brasileiro. Mas há mais. Ou talvez eu veja mais. Vejo ali uma breve comunhão entre o Cinema novo e o Cinema marginal, um momento onde o filho revoltoso, o "parente cardeal", nas palavras de Haroldo de Campos, se permitiu realizar, em um retorno à infância, o sonho de abundância do pai destronado. Um momento onde o sertão pôde virar mar – suspeito que glauberianos e sganzerlianos julgariam uma audácia desajuizada esta minha aposta.

A estrutura da sequência guarda semelhanças com o final de *Deus e o Diabo na terra do sol* (Glauber Rocha, 1964), onde também há dois momentos de movimentos circulares, sendo o último deles seguido de uma corrida rumo ao infinito. Pouco antes da morte de Corisco, quanto a tragédia já era antevista, Rosa, a mulher de Manoel, usando um véu de noiva, gira lentamente ao redor do cangaceiro, seu rosto quase encostando no dele, que sempre se vira na direção por onde a mulher irá novamente ressurgir assim que acaba de deixá-lo pelo lado oposto. Algumas voltas depois, eles se beijam, e com as Bachianas de Villa Lobos tocando, a câmera começa a espiralar ao redor do casal em seu beijo desesperado. O segundo giro vem após alguns minutos, já na morte de Corisco, quando ele é baleado por Antônio das Mortes. O cangaceiro, braços abertos, rodopia sobre o próprio eixo, cada vez mais rápido, como uma dança dervixe. Assim que cai, já no último plano do filme, Rosa e Manoel saem em fuga, em uma corrida que não tem termo e avança – a música cantada por Sér29 Ricardo nos faz crer – em direção a um futuro de resolução e prosperidade: "o sertão vai virar mar, o mar vai virar sertão".

Em *Sem essa aranha* temos um chapéu de cangaço, uma mulher dividida entre dois, talvez três, homens (Aranha, de quem é esposa, Gonzaga, a quem segue no final, e o homem da câmera, com quem entra numa dança que organiza a *mise en scène*), movimentos circulares da câmera, dos personagens, e uma caminhada final.

Se do ponto de vista da cultura popular, o chapéu de cangaceiro remete ao nordeste, e serve, portanto, para enraizar Gonzaga (coroado com um no início da sequência), em sua terra natal, do ponto de vista do cinema, ele pertence a Glauber – ainda que filmes de cangaço tenham sido feitos antes dele, com Glauber o cangaço vira uma sinédoque para o Cinema novo. O tema também reaparece em o *Dragão da Maldade contra o Santo Guerreiro* (1969), um filme já desiludido, onde o cangaço é coisa do passado e não há mais crença alguma na possibilidade de uma revolução. Todavia, ali também há uma coroação: Coraina, chegando ao vilarejo, em seu endereçamento à câmera e ao povo local, autocoroa-se, dizendo: "eu trago comigo o povo desse sertão brasileiro e boto de novo na testa um chapéu de cangaceiro". Antônio das Mortes responde-lhe então que no território brasileiro não tem nem "no céu nem no inferno lugar para o cangaceiro".

No filme de Sganzerla, tampouco não há lugar para um cangaceiro, e é certo que Gonzaga está ali como representante da cultura popular do nordeste.[6] Todavia em um cinema de tantas citações e provocações, é difícil não ver também uma piscadela ao cinema que mais louvou e honrou o cangaço.

Inclusive não é a primeira vez que Sganzerla manipula esta iconografia; o cangaço também aparecera em *O Bandido da Luz Vermelha* (1968). Em seu primeiro longa, o cineasta propôs, em substituição ao banditismo social do sertão, encarnado pelo cangaço, a figura do bandido urbano, niilista, para quem o crime não está ligado a qualquer possibilidade redentora. No final do *Bandido*, a personagem interpretada por Helena Ignez, depois de ter denunciado o seu ex, o Luz Vermelha, passa por um cangaceiro, ao som de Asa Branca, e entra no carro da polícia. Para quem sabe que Helena Ignez é a ex de Glauber Rocha, não é difícil encontrar ali, naquela denúncia e abandono do ex, uma provocação mordaz e alcoviteira ao Cinema novo, e em especial ao seu patriarca – picardia que continuará no filme seguinte de Sganzerla com Helena Ignez, emblematicamente chamado de *A mulher de todos*.

---

6 Para uma análise detida sobre no papel de Gonzaga como representante do nordeste nesta sequência, cf. Garcia (2018).

Pois será essa mulher de todos, no passado musa do Cinema novo, e depois expressão mais vulcânica de tudo o que foi o Cinema marginal, quem irá beijar a testa de Gonzaga com seu chapéu de cangaço, em um sinal de reverência e devoção, como que lhe pedindo a benção. E será ela quem, ao final da sequência, abandonará o delírio circular daquele sistema solar para seguir o músico em uma caminhada em direção a um horizonte saciado, quem sabe, por cajás do tamanho de melões. É o sertão virando mar.

No resto do filme, é verdade, não haverá melão nem cajá, mar de paz nem de fartura. No resto do filme, como em praticamente todo o Cinema marginal, o atraso econômico e moral é escancarado.

Todavia por breves cinco minutos, um cinema se permitiu realizar e cantar o sonho do outro.

***

Não gostaria de terminar este texto sem antes sublinhar e desdobrar o papel da Helena Ignez nesta sequência. Helena não é a mediação entre o Cinema novo e o Cinema marginal, ou o vetor, junto com o chapéu do cangaço, conectando ou separando um do outro. Ela não é uma figura de linguagem em um texto escrito por outros.

Aquele corpo estranho, alienígena, em transe, que perturba a cena e a *mise en scène*, encena ali, com a câmera e o homem da câmera, o nascimento de uma dinâmica criativa que embaralha por completo o modo como usualmente entendemos a criação e a autoria.[7] Não é fácil saber quem dirige quem, se Rogério dirige Helena ou Helena, Rogério. A atriz é atraída pelo centro do quadro, que exerce uma espécie de força centrípeta sobre seu corpo: ela persegue e invade a imagem, entra pela lateral, avança em direção ao centro, como que convocando o olhar para si. Todavia, uma vez feito isso, ela sequestra o olhar da câmera e passa a conduzi-lo, a orientá-lo. Não é uma disputa, é uma dança sem vencedores, onde o que se cria é criado no espaço tensionado entre os dois.

***

Poucos meses depois das filmagens de *Sem essa aranha*, Rogério, Helena e Júlio Bressane saíram às pressas do Brasil, fugindo da repressão. Foram para Londres, levando as latas com o material bruto do filme e de mais outros seis longas rodados pela Belair entre janeiro e maio de 1970. Lá se encontram com Caetano, Gil, e suas companheiras, Dedé e Sandra, todos também em autoexílio. Logo depois, Rogério e Helena partiram para uma longa viagem pelo oriente. Voltaram ao Brasil em 1972, grávidos da primeira filha do casal. Pouco tempo depois, Caetano lançou "Qualquer coisa":

> Mexe qualquer coisa dentro, doida
> Já qualquer coisa doida, dentro, mexe
> Não se avexe não, baião de dois
> Deixe de manha, deixe de manha
> Pois, sem essa aranha, sem essa aranha, sem essa aranha
> Nem a sanha arranha o carro
> Nem o sarro arranha a Espanha
> Meça tamanha, meça tamanha
> Esse papo seu já 'tá de manhã
> Berro pelo aterro, pelo desterro
> Berro por seu berro, pelo seu erro
> Quero que você ganhe, que você me apanhe
> Sou o seu bezerro gritando mamãe

Gosto de pensar que, neste bezerro gritando mamãe, reconhece-se que o cinema moderno brasileiro não foi gestado por um homem, nem radicalizado no embate entre titãs. Ele não é uma história de heróis com a câmera na mão – enquanto digito, cometo um ato falho e grafo mãe no lugar de

---

[7] Para uma análise mais extensa e aprofundada sobre a atuação de Helena nesta sequência, cf. Guimarães e Oliveira (2021).

mão "com a câmera na mãe". Mas não acredito na verdade deste desejo, não se trata aqui de substituir uma linhagem de heróis por uma heroína, uma história de patriarcas por de uma matriarca. Mas é preciso encontrar outras formas de contar as mesmas histórias.

E para além de deuses e diabos, há ventres desventrados, berros pelo aterro, pelo desterro. E qualquer coisa que mexe dentro, mexe: um cajá do tamanho de um melão, talvez um melão do tamanho de um cajá.

O cinema brasileiro, por outro lado, segue sendo uma rapadura amarga como o fel, com momentos de tamarindo doce como o mel.

Referências

AGAMBEN, Giorgio. Os seis minutos mais belos da história do cinema. *In*: AGAMBEN, Giorgio. *Profanações*. São Paulo: Boitempo, 2007.

CAMPOS, Haroldo de. Filmargem. *In*: PUPPO, Eugenio (Org.). *Cinema marginal brasileiro*. São Paulo: Hecco, 2004.

GARCIA, Estevão. *Belair e Cine Subterrâneo: o cinema moderno pós 68 no Brasil e na Argentina*. 2018. 280 f. Tese (Doutorado em Meios e Processos Audiovisuais) – Escola de Comunicação e Artes, Universidade de São Paulo, 2018.

GUIMARÃES, Pedro; OLIVEIRA, Sandro. *Helena Ignez, atriz experimental*. São Paulo: edições Sesc, 2021.

RAMOS, Fernão. *Cinema marginal (1968-1973): a representação em seu limite*. São Paulo: Brasiliense, 1987.

ROCHA, Glauber. Eztétyka da fome. *In*: ROCHA, Glauber. *Revolução do cinema novo*. São Paulo: Cosac Naify, 2004a. p. 327-328.

ROCHA, Glauber. Positif, 67 – entrevista a Michel Ciment. *In*: ROCHA, Glauber. *Revolução do cinema novo*. São Paulo: Cosac Naify, 2004b. p. 121.

ROCHA, Glauber. *O século do cinema*. São Paulo: Cosac & Naify, 2006. p. 347.

SGANZERLA, Rogério; IGNEZ, Helena. Helena, a mulher de todos, e seu homem. [Entrevista a] *O pasquim*, n. 33, p. 5-11, fev. 1970. Disponível em: http://tropicalia.com.br/leituras-complementares/helena-a-mulher-de-todos-e-seu-homem. Acesso em: 06 dez. 2023.

XAVIER, Ismail. *Alegorias do subdesenvolvimento*. São Paulo: Cosac & Naify, 2012.

Pratos
internacionais

6

Comida e cozinha n'*A flor do meu segredo*, *Tudo sobre minha mãe* e *Volver*, de Pedro Almodóvar

Rafael Climent-Espino

> *Eu ando pelo mundo*
> *prestando atenção em cores*
> *que eu não sei o nome*
> *cores de Almodóvar*
> *cores de Frida Kahlo*
> *cores!*
> (Adriana Calcanhotto, "Esquadros")

Introdução

É inquestionável que uma clara referência da cultura espanhola é sua gastronomia, a grande variedade de pratos e comidas regionais faz parte da impressionante diversidade que conforma o amplo repertório do mapa culinário espanhol.[1] Historicamente, a comida tem sido considerada um tema de pouco interesse para a análise acadêmica, e sua representação irrelevante para os estudos críticos da cultura visual e da educação cinematográfica. No entanto, nas últimas décadas, impulsionados pelos chamados estudos da alimentação ou (*food studies*), os estudos sensoriais (*sensory studies*) e teorias específicas como a gastrocrítica, essa tendência se reverteu e está mudando rapidamente, sendo que um dos fatores é a importância da visualidade na comida.

A análise da comida como fato cultural é hoje inegável e há um amplo interesse sobre seu papel em áreas como o jornalismo, a história, a antropologia,

---

[1] Para uma detalhada informação sobre as variedades gastronômicas regionais na Espanha, pode-se consultar Gómez-Bravo (2017, p. 207-222).

a literatura e, até mesmo, na filosofia.[2] Todavia, as análises das representações visuais da comida ainda estão em um estágio muito incipiente, embora nos últimos anos se perceba um tímido aumento de publicações que demostram interesse pelo papel da comida na cultura visual e nas artes visuais como é o caso deste presente volume. Meu estudo fornece uma leitura da comida e do espaço da cozinha em três filmes do reconhecido diretor espanhol Pedro Almodóvar, pois ambos os elementos têm grande relevância na sua filmografia.[3] Em um artigo publicado há alguns anos (Climent-Espino, 2019) fiz uma revisão cronológica das representações da comida em quatro filmes de Pedro Almodóvar lançados no período 1983-1993. O estudo que apresento nestas páginas abarca o período 1995-2006 de sua filmografia e pode ser entendido como uma continuação daquele.

A aparição e o uso da comida nos filmes do Almodóvar não é uma constante, e sua importância neles é variável, às vezes até insignificante. Outras vezes fundamental para o desenvolvimento da ação. Todavia a cozinha é um espaço privilegiado muito recorrente nos longas e curtas-metragens do diretor. Lugar essencial, as cenas na cozinha são uma constante na filmografia almodovariana, sobretudo no que se refere à preparação da comida, é o lugar mais sensorial da casa onde todos os sentidos trabalham ao mesmo tempo e oferece ao cineasta espanhol possibilidades ilimitadas para sua criatividade, principalmente ao proporcionar uma gama cromática que, como mostrarei, é explorada até o limite. Essas "cores de Almodóvar", como canta Adriana Calcanhotto em "Esquadros", são fornecidas amiúde, precisamente por meio de alimentos e comidas.

Em 1985, praticamente no início de sua carreira como diretor, Almodóvar aparece cozinhando no popular programa da televisão espanhola *Con las manos em la masa*. Na tela, o diretor mostra suas limitadas habilidades culinárias, mas fala claramente da relevância da cozinha como espaço em seus filmes:

---

[2] Destaco os trabalhos de Arjun Appadurai (1981) em antropologia e de Carolyn Korsmeyer (2002, 2011) em filosofia. Estudos fundamentais de caráter histórico sobre a comida na Espanha são os de María Ángeles Pérez Samper (1998). Estudos pioneiros sobre comida e cinema são os de Padrón (2011, 2016). Interessam as análises oferecidas em volumes de publicação recente como o editado por Rafael Climent-Espino e Ana María Gómez-Bravo (2020).

[3] Mostrei uma análise da relevância da comida e das mudanças dentro do espaço da cozinha nos primeiros filmes de Almodóvar em Climent-Espino (2019).

Elena Santoja: Pedro, você gosta muito das cozinhas porque sempre faz alguma cena nelas, né?

Pedro Almodóvar: É, em todos os meus filmes há alguma cena importante nas cozinhas e aqui [*Que fiz eu para merecer isto?*] uma tão importante como um assassinato. Sim, as cozinhas e os banheiros me interessam especialmente. Eu acho que são os lugares mais íntimos da casa, são lugares que já têm um caráter muito intenso e esse caráter impregna tudo o que lá se faz. Por exemplo, em uma cozinha [...] não se pode mentir. Então, tudo o que se fale, tudo o que se faça na cozinha é inevitável (*Con las manos en la masa 2:20*).[4]

Interessa, para minha análise, esse viés de verdade e intimidade com que Almodóvar conota as cenas que acontecem na cozinha, espaço essencial da cultura espanhola como de todas as culturas do Mediterrâneo. Neste artigo examino como o diretor usa a câmera na cozinha para preencher a tela de uma sensorialidade que não seria possível em outros espaços da casa. Analiso as conotações e nuances que aportam a comida e a cozinha em três longas-metragens: *A flor de meu segredo* (1995), *Tudo sobre minha mãe* (1999) e *Volver* (2006).[5] Em todos eles, o espaço da cozinha e a comida têm grande relevância. Além disso, um elemento comum que alinhava os três filmes é a presença da mãe como fornecedora principal de comida.

Embora numa primeira leitura a cozinha e a comida pareçam destituídas de papéis principais nos três filmes de Almodóvar, um olhar atento revela uma relevância singular de ambas. Cozinha e comida aparecem como elementos dinâmicos que o diretor utiliza para reunir personagens ao redor da mesa, intensificar conflitos, enfatizar sentimentos e destacar aspectos importantes da intimidade dos personagens. Ambas as categorias oferecem um amplo leque de possibilidades sensoriais que Almodóvar explora em toda sua amplitude olfativa, gustativa, táctil e visual. Alguns dos primeiros planos nos filmes oferecem autênticas naturezas-mortas que serão analisadas, pois é por meio delas que as cenas ganham intensidade. O olhar meticuloso do diretor trabalha com maestria a cozinha como espaço e a comida como elemento que conota estética e argumentativamente o filme. Almodóvar destacou inúmeras vezes que seu cinema tem o intuito de examinar em detalhe o universo feminino, um universo

---

[4] Se não se indicar o contrário, todas as traduções do espanhol e do inglês são minhas.

[5] Dentro desse período de 1995-2006, não vou examinar *Carne trémula* (1997), *Fale com ela* (2002) e *Má educação* (2004), pois comida e cozinha têm papéis pouco relevantes neles. Planejo um novo artigo sobre a comida no cinema de Almodóvar no período 2009-2023.

que ele conhece bem porque passou a sua infância rodeado de mulheres, por isso, para ele a cozinha é um espaço eminentemente feminino e de sororidade.

Conceitos teóricos: gastrocrítica e hierarquia dos sentidos

Até agora, escassos estudos acadêmicos dentre aqueles que examinam o cinema de Almodóvar, tiveram como eixo central a análise das representações da comida e da cozinha, fato surpreendente pois são elementos muito recorrentes em vários filmes.[6] Arrisco a hipótese de que essa rejeição da culinária dentro do visual estaria relacionada a uma concepção que considerara historicamente o paladar como um sentido menor. Vários estudos ecoam essa ideia, Chiuminatto e Veraguas, por exemplo, afirmam que "de alguma forma parece que o paladar (acompanhado do tato) por razões ocultas, apesar da sua relevância, continua relegado à parte mais baixa daquela pirâmide imaginária dos sentidos e das suas intersecções sinestésicas" (Chiuminatto, 2022, p. 17). A filósofa Carolyn Korsmeyer explica esse fato, que chamou de "hierarquia dos sentidos", ao argumentar que, historicamente, o audiovisual tem sido privilegiado em detrimento do olfato, do paladar e do tato. Korsmeyer argumenta que, desde tempos clássicos, considera-se o seguinte:

> Visão e audição são sentidos diferentes. Embora tenha sido admitido que algum tipo de interação é necessária para estimular os olhos e os ouvidos, neste caso não há interação óbvia entre o objeto percebido e os órgãos que percebem. Existe uma distância, por vezes considerável, entre os objetos e os sentidos, e a forma exata como eles operam tem sido debatida há séculos. Em quase todas as análises dos sentidos na filosofia ocidental, a distância entre o objeto e o sujeito que percebe foi considerada uma vantagem cognitiva, moral e estética. Os outros sentidos físicos são inferiores, em parte devido à necessária proximidade com o objeto percebido que o seu funcionamento exige (Korsmeyer, 2002, p. 28).

Defendo aqui, de acordo com essa hierarquia sensorial que proposta por Korsmeyer, em que o olfato, o paladar e tato ficariam no fim dessa hierarquia,

---

[6] Por exemplo estudos prestigiosos como os 24 artículos compendiados por Marvin D'Lugo (2013, p. 189-193) onde a comida apenas aparece. Casos similares são os extensos e magníficos estudos de Silvia Colmenero Salgado (2001) sobre *Tudo sobre minha mãe* ou de Ernesto Acevedo Muñoz (2007) onde o tema da cozinha e da culinária não são abordados. Meu artigo (Climent-Espino, 2019) é o primeiro que tem como intuito e eixo principal a análise das representações da comida no cinema de Pedro Almodóvar.

que a comida tem sido relegada na análise até mesmo dentro do campo das artes visuais devido às reminiscências dessa hierarquia em nosso tempo.[7]

Minha análise se apoia na "gastrocrítica" como perspectiva teórica, e sobre ela é importante referir que "em geral, é nas ciências exatas e especialmente na medicina onde a investigação gastro-/gastero- sempre ocupou um lugar central. Nas ciências humanas, o estudo deste tema é relativamente recente, embora tenha vindo a crescer gradualmente" (Maeseneer, 2012, p. 17). O termo "gastrocrítica" foi criado por Ronald Tobin, para quem esta disciplina "tenta estudar a relevância para uma obra literária das múltiplas conotações de comer e beber nos aspectos sociais, raciais, geográficos, identitários, históricos, sexuais, antropológicos, religioso, filosófico, médico, cultural, psicológico, ideológico- -político, genérico, linguístico, etc." (Maeseneer, 2012, p. 24). Desde o ponto de vista sociológico, as formas de produção e consumo de alimentos fornecem informações relevantes sobre a estrutura social e os papéis específicos que os sujeitos desempenham dentro dessa estrutura social ao colocar o indivíduo em relação aos demais membros da comunidade. Há sempre condições sociais, e de sociabilidade para contextualizar a comida e seu consumo no plano artístico. Segundo tais coordenadas socioeconômicas que se desenvolve minha análise do tratamento da comida e da cozinha nos referidos filmes de Pedro Almodóvar.

A flor do meu segredo: cenas da culinária popular espanhola

A ação de comer e de beber está relacionada com a subjetividade individual e social. A necessidade de comer aponta para o caráter social da culinária, apontando a sua centralidade em qualquer tipo de atividade. A relação de necessidade entre as pessoas e a alimentação oferece informações únicas sobre questões sociais das quais o cinema de Almodóvar não está isento, pois a interação dos personagens com a comida fornece informação relevante sobre como o humano tem se relacionado como um elemento essencial que nos mantém vivos. Mas o intercâmbio, oferecimento, compra, venda etc. de comida também nos interpela sobre as intencionalidades e sociabilidade entre pessoas como muito bem analisou Arjum Appadurai com o conceito de *gastropolitics* ou gastropolítica, com esse termo ele se refere "ao conflito ou competição pelos

---

[7] Em relação com os estudos sensoriais, novos e inovadores trabalhos sobre olfato e tato estão sendo lançados. Assim, por exemplo, destaco sobre o olfato *Odorama: Historia cultural del olor* (2021) de Federico Kukso, e *El sentido olvidado: ensayos sobre el tacto* (2005) de Pablo Maurette. Esses estudos estariam dentro dos chamados *sensory studies* ou estudos sensoriais.

recursos culturais ou econômicos específicos, conforme surgem em transações sociais em torno da comida" (Appadurai, 1981, p. 495).

A flor do meu segredo (1995) é uma peça central na filmografia de Almodóvar pelas inúmeras referências à sua produção posterior. Almodóvar reconheceu ("Pedro Almodóvar i Marisa Paredes", 3:35) que a protagonista, Leo, uma escritora de romance melodramático, é em grande parte o seu *alter ego*. Entre seus escritores de referência estão Jean Rhys, Jane Bowles e Dorothy Parker (*A flor*, 21:15).[8] Assim como ela, essas escritoras tiveram problemas com o álcool. A adição, ou a falta de controle sobre o consumo de drogas e remédios, é tema recorrente nos filmes de Almodóvar. Há *close-ups* de Leo escrevendo, ou plagiando, ao lado de um copo de álcool, como quando ela escreve enquanto se ouve em *off* "você tem diante uma mulher criada para a ansiedade" (*A flor*, 30:20). A protagonista consome álcool copiosamente (9:10; 15:50; 42:20; 49:35) e ressalta: "Se eu continuar bebendo assim vou acabar virando uma alcoólatra anônima" (15:47). O problema com o álcool de Leo é presentado com planos médios da protagonista bebendo sozinha (16:07) ou acompanhada. O consumo de álcool serve claramente para desinibir à protagonista, Leo, e inclusive para iniciar algum flerte com outros personagens, Antonio (Imagem 1).

Meio primeiro plano de Leo e Antonio bebendo na cozinha de Leo.

---

[8] Leo é uma escritora de literatura melodramática de grande sucesso. O nome, Leo, é apócope de Leocadia e, ao mesmo tempo, primeira pessoa do presente de indicativo do verbo "ler" em espanhol: *Yo leo*. Sobre os nomes e outros assuntos ligados à cultura popular neste filme se pode consultar Climent-Espino (2018).

Leo reconhece que: "Ah, Betty! Exceto beber, como tudo é difícil para mim" (16:13). Há close-ups magistrais distorcendo o rosto da protagonista por meio do copo de álcool (*A flor*, 1:32:20; 1:37:22) representando ao mesmo tempo a alteração do caráter da protagonista pelo consumo de álcool que bebe constantemente. Interessa lembrar que normalmente há reações do rosto sobre as sensações do paladar, os humanos sabemos ler uma reação de prazer, gosto ou desgosto num rosto, ou seja, o paladar é visualmente expressivo. O filme encerra com um brinde que copia a cena final de *Ricas e Famosas* (Cukor, 1981) onde se diz: "Beije-me, se é passagem de ano quero sentir o contato da carne humana e você é a única carne por aqui" (*A flor*, 1:40:40). O álcool, a carne, o fogo da lareira, o vinho e o beijo sugerem que Leo e Ángel passarão uma noite de paixão juntos.

A origem rural de muitos personagens que transitam nas grandes urbes espanholas – Madri e Barcelona principalmente – dos filmes de Almodóvar faz com que se sintam próximos das tradições da aldeia, do interior, e, por isso, fortemente identificados com pratos, sabores e produtos típicos da terra, fato que acontece n'*A flor de meu segredo*.[9] Meu estudo analisa, assim, a cozinha como espaço essencial nos filmes de Almodóvar capaz de revelar as intenções por trás do uso de pratos típicos e, em geral, o que os modos de comer, beber e ingerir conotam em relação ao gênero, à classe social e à identidade nesse espaço, pois inúmeras cenas importantes nos filmes de Almodóvar acontecem, como já mencionei, na mesa e amiúde na cozinha.

A flor do meu segredo oferece um contraste peculiar entre as cozinhas de Leo e a de sua irmã, Rosa (Rossy de Palma) e de sua Mãe (Chus Lampreave). A cozinha de Leo é representativa da classe social alta, que tem Blanca (Manuela Vargas) como cozinheira. Assim como em *Kika*, ter cozinheira é um claro sinal de estatuto social privilegiado, pois é um luxo que nem a classe média nem as classes populares podem pagar na Espanha no presente. A cozinha de Leo, assim, contrasta, frontalmente, com a cozinha da irmã, a quem Leo ajuda financeiramente. Enquanto Leo não sabe cozinhar, Rosa e a mãe cozinham pratos que Leo adora. Interessa essa ideia no sentido de relacionar uma atividade artística socialmente reconhecida, a literária, com uma classe

---

[9] Na Espanha houve um importante êxodo rural entre 1945 e 1975, foi o início de um processo de esvaziamento populacional no interior do país em favor das grandes cidades que hoje é conhecido com o nome de "a Espanha esvaziada", tema recorrente na política espanhola atual. As zonas do interior do país, como os lugares da infância de Pedro Almodóvar, sofrem hoje um alarmante envelhecimento da população, muitas aldeias estão desaparecendo junto com suas tradições e costumes seculares.

econômica alta, e outra não reconhecida, a culinária, com as classes mais populares. O filme oferece a imagem de que Leo é péssima cozinheira – seu marido, Paco (Imanol Arias), não acredita que ela cozinhasse sequer a paella para recebê-lo (*A flor*, 51:35) – mas, em troca, ela é uma ótima escritora: as habilidades literárias e as culinárias se apresentam, assim, como atividades contrapostas. Como em muitos outros filmes de Almodóvar, há uma certa tensão entre alta e baixa cultura – literatura e culinária respectivamente – que se reflete nas classes sociais às que pertencem os personagens.

Leo tem cozinheira, sua cozinha é pequena, mas a decoração e algumas naturezas mortas de designer revelam um estatuto social diferente da cozinha da casa da irmã onde há uma extensa sequência (*A flor*, 26:20-30:20) que permite refletir sobre esse espaço.[10] As cenas da cozinha em *A flor do meu segredo* são, sem dúvida, mais numerosas do que nos filmes anteriores. A cozinha de Rosa é humilde, limpa, mas algo desorganizada. Nela um presunto e algumas réstias de chouriços pretos e linguiças estão penduradas na parede por cima dos azulejos, imagem que nunca aconteceria numa cozinha de classe social alta. Sacolas e caixas de leite se amontoam no chão. O ferro, a tábua de passar, alguns aventais (um azul e outro com padrão xadrez Vichy vermelho e branco), sapatos, etc. Óleo de girassol, laranjas, tortilhas espanholas na bancada da cozinha, pratos de cerâmica *kitsch* com motivos culinários adornam as paredes, os azulejos também incorporam naturezas mortas industriais, simples (*A flor*, 28:41). A cozinha continua sendo um espaço feminino onde mãe e irmãs conversam e discutem diversos assuntos do seu dia a dia. Os diálogos, as confidências importantes acontecem na mesa enquanto compartilham iguarias por elas preparadas (Imagem 2). É o lugar certo para oferecer comida:

> **Rosa:** Aqui, umas lulas, do jeito que você gosta.
> **Leo:** Não, só vou tomar um café. [...]
> **Rosa:** E um pouco de pudim? Só tem leite e ovo. Você não vai falar não para isso.
> **Leo:** Tudo bem... (*A flor*, 26:42)

---

[10] A infância e adolescência de Almodóvar em zonas rurais do interior da Espanha o põe em contato com imagens de verdadeiras naturezas mortas, em seu recente livro *El último sueño* (2023), explica que: "Vejo-me, no pátio da casa da família em Madrigalejo, escrevendo numa Olivetti 'Vida e morte de Miguel' debaixo de uma videira e com um coelho esfolado pendurado numa corda" (14). Essa potente imagem do coelho esfolado emoldurado pela videira é uma natureza morta que acompanha o diretor. Sobre as naturezas mortas em Almodóvar se pode assistir o vídeo de Monzón (2019).

Plano médico de mãe e irmãs na cozinha de Rosa n' *A flor de meu segredo*.

Compartilhar a comida na cozinha, em família, fortalece os laços entre os membros. A comensalidade é um momento privilegiado de comunicação que inclui qualquer grupo de pessoas. Como salientou o diretor, a cozinha é um espaço onde as irmãs falam abertamente sobre seus problemas e onde não há mentiras, reforçando assim a amizade entre elas. Ao comer lembram-se de assuntos familiares e de seus antepassados: culinária, comida e memória aparecem interligadas nesta sequência. Existem sabores e cheiros familiares que as identificam como irmãs, umas conhecem os gostos culinários das outras, parte importante do conhecimento mútuo. O gustativo, o olfativo e o tátil são, tal como o audiovisual, a base de uma memória individual e, ao mesmo tempo, grupal e coletiva. A comida potencializa memórias e diálogos no filme. A mãe não quer estar em Madrid e propõe, como em outros filmes de Almodóvar – *Que fiz eu para merecer isto?*, *Ata-me*, *Volver* – voltar/*volver* à aldeia como solução para os problemas e para poder descansar fora da grande cidade. Enquanto comem, elas continuam conversando:

> **Leo:** Mãe, você não pode ficar sozinha na aldeia. Temos que achar alguém para fazer as tarefas da casa e acompanhar você à noite.
> **Mãe:** Ah não... e que fuce nos meus armários e coma minhas morcelas. Nem pensar...
> Assei uns pimentões para você...
> **Leo:** Mas você não tem que fazer isso... Eu tenho cozinheira.
> **Mãe:** Quem sabe como aquela cigana vai cozinhar...
> **Leo:** Ela é ótima. E você não imagina como ela passa... [...]

Rosa: Quer mais pudim?

Leo: Não, não, obrigada.

Rosa: Vou colocar num *tupperware*.

Leão: Não precisa, Rosa.

Mãe: Acho você muito acabada, Leo.

Rosa: Vou colocar também as lulas [...] e a tortilha [...]. Uma rosquinha?
(*A flor*, 28:40)

A irmã e a mãe, apesar de terem uma situação econômica difícil, fazem a comida "de sempre" para Leo, ambas ficam felizes em recebê-la e lhe dão uma refeição preparada por elas mesmas[11]: pimentões assados, pudim de ovo, tortilha, lulas, rosquinhas etc. Saborosos pratos locais, nada sofisticados. Leo as apoia financeiramente, ou seja, há um intercâmbio, não uma transação de compra/venda, de recursos entre elas, o que possibilitaria uma leitura desde o conceito de gastropolítica (Appadurai, 1981), pois a comida é uma linguagem através da qual podemos aprender sobre as relações humanas, neste caso familiares.

N'*A flor* a comida aparece com destaque, Almodóvar a explora de diversas maneiras. Outra cena fundamental do filme é quando Paco, coronel do exército e marido de Leo, retorna da guerra da Bósnia. A comida preferida dele é a paella (*A flor*, 51:41) que é preparada pela cozinheira no seu regresso. Há todo um diálogo centrado neste prato típico espanhol do qual se oferecem alguns *close-ups*:

Leo: [Chegando na cozinha] Olha o que eu fiz para você.

Paco: Paella!

Leo: Eu fiz... [Paco olha para ela incrédulo]. Bem, na verdade foi a Blanca que fez, eu adicionei o arroz...

Paco: [Degustando a paella] Está fria.

Leo: [Baixinho] Eu não.

Paco: Há?

Leo: Nada, se quiser eu esquento no micro-ondas.

Paco: Não gosto reaquecida.

Leo: Desculpa!! Eu não sabia exatamente a que horas você chegaria!
(*A flor*, 51:30)

---

[11] A causa do sucesso desta cena d'*A flor do meu segredo*, Almodóvar fez um anúncio publicitário sobre macarrão com as mesmas atrizes, a ação acontece também em uma cozinha. O vídeo se pode achar facilmente em YouTube com o título "Pastas Ardilla".

A comida serve para acentuar os laços entre os personagens e visualizar a relação conflituosa que vive o casal. Há uma transposição das caraterísticas da paella ao desejo sexual de Leo: a paella está fria, mas Leo não, ou seja, "está quente", carente. Após o rompimento com Paco e uma tentativa de suicídio consumindo um frasco de comprimidos, Leo decide ir para a aldeia com a mãe.[12] No carro, a caminho da aldeia, a mãe de Leo oferece comida para a filha:

> **Mãe:** Tortilha?...
> **Leo:** Não.
> **Mãe:** E uma fatia de lombo?
> **Leo:** Não mãe, não posso.
> **Mãe:** Não?! Desde que você começou com a bobagem de perder peso... Você perdeu o brilho! Eu não queria falar para você... Ángel, você não faça dieta.
> **Ángel:** Não se preocupe comigo, eu sou muito comilão.
> **Mãe:** Assim você está muito lindo. (*A flor*, 1:16:45)

A mãe rejeita que a filha não coma e sua obsessão pela magreza – muito comum em tantos personagens do Almodóvar que fazem dieta –, sugerindo que os modelos hegemônicos de beleza corporal são diferentes para mãe e filha. Na entrada da casa, já na aldeia, há práticas e hábitos culinários tradicionais próprias das zonas rurais da Espanha: réstias de alho e de pimentão vermelho seco pendurados no pátio junto com melões (*A flor*, 1:20:04). Os potes de conservas (*A flor*, 1:24:06) numa despensa cheia de vasos de plantas apresentam um cena rural. Eis que Leo se recuperará da depressão pelo abandono de Paco, voltando às raízes, regressando à aldeia. Cozinhar, oferecer ou guardar comida para a filha é um fato que aparece em vários filmes de Almodóvar. Também em *Tudo sobre minha mãe* e *Volver* as mães cozinham para os filhos, pois essa preparação de comida reforça a relação afetiva entre eles.

A cozinha como espaço de sororidade em *Tudo sobre minha mãe*

Tudo sobre minha mãe (1999) se inicia com uma clara referência a *A flor de meu segredo*. Entre os créditos iniciais aparecem planos detalhe de alguns

---

[12] Em relação ao consumo e à ingestão, nos filmes de Almodóvar aparecem personagens consumidores de drogas ou viciados nelas, entre elas a cola, álcool, maconha, cocaína, heroína, ecstasy ou outras drogas sintéticas, etc. Às vezes se estabelecem evidentes paralelismos entre o consumo de comida e droga como no caso do curta-metragem *A vereadora antropófaga* (2009) entre o pudim e a cocaína.

objetos usados em quartos de hospital: macas, conta-gotas, eletroencefalogramas etc. Um personagem principal d'*A flor* (Betty) trabalha dando formação sobre transplantes de órgãos num hospital, o mesmo trabalho que a mãe de *Tudo sobre minha mãe*, em cujo início há uma sequência muito parecida. Encontramos aqui o diretor dentro de seu labirinto criativo.[13] Como acontecia n'*A flor*, em *Tudo sobre minha mãe* o espaço da cozinha emoldura cenas que vale a pena comentar pois são relevantes para o argumento e aportam grande intensidade narrativa ao filme. Nelas sempre há dois personagens, Almodóvar escolhe planos médios e *close-ups* para carregar essas cenas de emoção e intensidade.

Logo no início (*Tudo*, 2:45), Manuela, a mãe e enfermeira de profissão, aparece na cozinha preparando um jantar para ela e para seu filho, Esteban. O cardápio assemelha-se a uma torrada com vegetais. Ambos vão assistir na televisão *All about Eve* (1950), daí o título de *Tudo sobre minha mãe*.[14] Vale a pena lembrar que 1999 é também o ano do falecimento da mãe do diretor, a figura mais importante na vida de Almodóvar, como ele falou inúmeras vezes e com quem tinha uma forte relação afetiva como se pode ver em alguns vídeos ("Pedro Almodóvar con su madre").

Meio primeiro plano de Manuela preparando comida para ela e seu filho, Esteban.

---

[13] Almodóvar (2000) afirmou que *Tudo sobre minha mãe* forma uma trilogia inconsciente com *Carne trémula* (1997) e *A flor de meu segredo* (1995).

[14] Esteban, o filho, reclama da tradução do título *All about Eve* para espanhol como *Eva al desnudo*. No Brasil se traduziu como *A malvada*.

A cozinha onde Manuela (Imagem 3) prepara a comida é limpa, organizada, luminosa, têm cores fortes, o azul e o vermelho contrastam intensamente. Tomates, berinjelas, cebola, uma almotolia, talheres, bandejas coloridas, um ramo de louro etc. A mãe prepara a comida que comem enquanto assistem o filme. É comum na filmografia de Almodóvar que a mãe apareça como fornecedora principal de comida na casa. Manuela quer que o filho ganhe uns quilos:

> **Manuela:** Coma, tem que ganhar uns quilinhos, caso você tenha que estudar um curso para me manter.
> **Esteban:** Para estudar um curso não se precisam quilos, mas um bom pau.
> **Manuela:** Onde você aprendeu a falar assim?! (*Tudo*, 3:45)

Como acontecera n'*A flor*, onde a mãe acha que a filha está magra demais, aqui acontece uma cena similar. Parece que há uma obsessão das mães nos filmes de Almodóvar com que as filhas e os filhos comam e engordem. Pouco depois, Esteban morre num acidente e Manuela decide doar todos os órgãos dele, mas acha o endereço da pessoa que recebe o coração do filho e decide visitá-lo. Uma nova cena de Manuela, em depressão, e Mamen, uma boa amiga dela e companheira de trabalho, acontece na mesma cozinha:

> **Manuela:** Não estava n'Argentina Mamen, fui à Corunha.
> **Mamen:** Para que você foi lá?
> **Manuela:** Fui procurar o coração de meu filho.
> **Mamen:** Quem te falou...? Como...? Como você sabia...?
> **Manuela:** Procurei nos arquivos até achar o nome e o endereço do receptor.
> **Mamen:** Você não deveria ter feito isso. É a melhor forma de ficar louca. Olha para mim porra... (*Tudo*, 18:30)

A cozinha é lugar escolhido por Almodóvar para essa intensa conversa entre as amigas, mas agora o espaço perdeu luminosidade, é quase um espaço vazio, parece como se a cozinha refletisse o estado de ânimo de Manuela. Durante o diálogo se sucedem planos fechados dos rostos das duas amigas que intensificam a emoção da cena. Almodóvar é fiel a sua máxima sobre a cozinha: "Em una cozinha não se pode mentir. Então, tudo o que se fale, tudo o que se faça na cozinha é inevitável" (*Con las manos en la masa*, 2:20). Assim, depois dessa conversa, Manuela vai para Barcelona onde morou há dezessete anos para procurar ao pai de Esteban e a sua íntima amiga, Agrado, prostituta que na ocasião estava trabalhando e fora assaltada. Pouco depois, na cozinha de Agrado, Manuela cura as feridas dela produzidas durante o assalto. A cozinha se converte em um lugar reparador, um lugar de cura. A cozinha em *Tudo sobre minha mãe* é claramente o espaço feminino por excelência, lugar de encontro de mulheres com vidas muito diferentes: enfermeiras, travestis, freiras grávidas com AIDS, atrizes lésbicas de grande sucesso... todas desprezadas ou violentadas por alguém. Mas há uma forte sororidade entre as personagens. E sempre tal empatia acontece nas cozinhas.

Plano americano de Manuela curando as feridas de Agrado na cozinha.

A cozinha de Agrado é extremamente aberta e colorida; é o lugar principal da casa dela, há réstias de pimentões vermelhos e as prateleiras estão cheias de potes e garrafas, enfeites e ornamentos de todo tipo, e até uma Barbie, ocupam as paredes de azulejos azuis de diferente intensidade.[15] Interessa pensar a possibilidade de uma identificação da cozinha com o personagem que a transita. Se a cozinha de Manuela era colorida, luminosa e organizada, é mais sóbria em comparação com a cozinha de Agrado que é uma cozinha cheia de cores, excessivamente carregada e artificial como a própria personagem.

Manuela e Agrado conversam sobre o passado, sobre os motivos pelos quais desaparecera há dezessete anos, Agrado repreende a Manuela por ter desaparecido sem falar nada para ela. É uma cena cheia de emoções fortes, novamente Almodóvar escolhe a cozinha como espaço de expressão

---

[15] Sobre a relevância de naturezas-mortas, quadros ou elementos decorativos nas paredes dos filmes de Almodóvar, pode-se ler Climent-Espino (2019, p. 70-75).

da intimidade entre personagens femininos, lugar onde se compartilham comida e sentimentos:

> **Manuela:** Senta aí, vamos tomar um café da manhã.
> **Agrado:** Menina, mas por que você preparou tudo isso? Ai salada! Adoro! Aaai! Como me dói ao mastigar. Não poderei nem fazer um boquete...
> **Manuela:** Hoje você não deveria trabalhar.
> **Agrado:** [...] Tenho que trabalhar. Ai que ótimo o doce de leite e a empada... Minha provoleta!!
> **Manuela:** Eu também tenho que trabalhar. Se você quiser a gente procura trabalho juntas.
> **Agrado:** Sim! Desde que você foi embora nunca comi como Deus manda. Bom, também porque claro, como eu sou modelo, tenho que me cuidar muito. É o pior desta profissão que você tem que estar gostosa pra caralho e sempre pendente dos últimos avanços tecnológicos em cirurgia e cosmética. (*Tudo*, 27:25)

Agrado fica feliz com as habilidades culinárias de Manuela, saberemos que ela trabalhou como cozinheira em um restaurante (*Tudo*, 29:50). As imagens de Manuela nas duas cozinhas oferecem uma imagem dela como fornecedora não só de comida mas também dos cuidados que as pessoas precisam. É na cozinha onde ela cura Agrado e, posteriormente, Rosa irá morar com ela ao saber que ela tem AIDS. É evidente que Almodóvar estabelece uma conexão entre o ofício inicial de enfermeira de Manuela com o cuidado que posteriormente ela oferece a pessoas doentes: Agrado, Rosa e seu filho com AIDS. Tanto no hospital quanto na cozinha Manuela parece ser sempre a cuidadora dos outros.

Volver às raízes por meio da comida e da cozinha

N'*A flor do meu segredo* se acha a semente de *Volver* (2006), um filme que Almodóvar gravaria uma década depois e que, até agora, junto com *Tudo sobre minha mãe*, foi o maior sucesso comercial do diretor. Nesse sentido há também um "volver" aos filmes anteriores de Almodóvar. Numa cena d'*A flor do meu segredo* que passou despercebida para a crítica acontece o seguinte diálogo:

> **Alicia:** Como você pode pensar em uma história onde a mãe descobre que sua filha matara ao pai depois que ele tentara estuprá-la? E que para que ninguém a descubra, a mãe guarda o cadáver na câmara fria do restaurante de um vizinho.

Leo: Não é fácil se livrar de um cadáver! E o importante para a mãe é salvar a filha. (*A flor*, 34:35)

Esse breve diálogo é uma precisa sinopse de *Volver*. Se poderia afirmar, pois, entrando num labiríntico jogo de intertextualidade, que Almodóvar recicla e adapta ao cinema o texto literário escrito por Leo, a escritora de romance melodramático que escreve com o pseudônimo de Amanda Gris. *Volver* foi amadurecendo na cabeça do diretor durante uma década até sua estreia em 2006. Várias cozinhas aparecem neste filme, e numa delas acontece um assassinato que remete a outra cena já mítica da filmografia de Almodóvar, o assassinato do marido na cozinha com uma coxa de porco em *Que fiz eu para merecer isto?* (1984). É também outro recurso de Almodóvar para fazer ao espetador "volver" a seus filmes anteriores. O diretor repete uma ação inusitada na cozinha, espaço que lhe oferece inúmeras possibilidades de subversão.[16] Para Almodóvar, a cozinha é um *topos* quase sagrado em relação ao feminino, ao trabalho feminino e à sororidade, nele o homem tem que respeitar à mulher; se não o fizer pagará com sua vida esse erro. E justamente assim acontece em *Que fiz eu para merecer isto?* e em *Volver* onde dois homens, dois maridos abusadores, são mortos pelas mãos de mulheres supostamente mais frágeis, menos fortes.

Há várias imagens nas cozinhas de *Volver* que valem a pena analisar. Uma delas (Imagem 5), que se repetirá depois, prenuncia o assassinato e morte do marido de Raimunda. Ela lava na cozinha uma afiada faca que será usada depois pela filha para matar o marido de Raimunda. O plano zenital – a câmera é posicionada 180 graus focando o chão, a imagem é vista desde cima – que oferece Almodóvar não pode ser mais eloquente e até simbólico do que acontecerá no filme: em primeiro lugar a sexualidade representada pelo amplo decote de Raimunda; em segundo lugar, a faca, no centro da imagem, emoldurada pela pia, como sinal de violência, ameaça e medo. A limpeza da arma branca com que se matará ao marido antecipa a limpeza da cena do crime. Em terceiro lugar, a mulher que empunha a faca – Raimunda é quase um anagrama de "rainha do mundo" – representando o poder feminino. Em quarto lugar, a cor negra da roupa que prediz a morte. Em quinto lugar, a água como elemento sanador que quase purifica o crime cometido pela filha, Paula. Finalmente, o espaço no qual

---

[16] Sobre a comida em *Que fiz eu para merecer isto?* se pode consultar Climent-Espino (2019, p. 63-66). Nesse mesmo texto (Climent-Espino, 2019, p. 70-75) faço uma análise da cozinha como espaço subversivo e sexualizado em *Kika* (1993).

se contextualiza a imagem é a cozinha onde tudo acontecerá, um espaço feminino onde "reina" a mulher.

Plano zenital de Raimunda lavando a faca com que a filha matará o pai.

Plano plano de Raimunda na cozinha olhando a faca ensanguentada.

A imagem 5 complementa e, ao mesmo tempo, contrasta com a imagem 6. Acontece depois de uma das cenas principais do filme: o assassinato na cozinha do marido que tenta estuprar a filha da protagonista. Saberemos que a própria Raimunda foi estuprada por seu pai e que sua filha é, ao mesmo tempo, sua irmã; há no filme, por consequência, um círculo de violência contra a mulher que se repete de uma geração para outra, pois a mãe de Raimunda queimou o pai junto com a mãe de Agustina com quem tinha uma relação.

Raimunda limpa o sangue da cozinha – agora tornada em espaço de violência e morte – para encobrir sua filha. Nessa intensa limpeza Almodóvar se recria com imagens, às vezes até exageradas, da cor vermelha do sangue. É sabido que o cineasta tem certa obsessão com essa cor, muito presente em toda sua produção fílmica.[17] Na imagem 6 a cor vermelha do sangue na faca, assim como a roupa de Raimunda enfatizam a violência do crime. Novamente, a mulher empunha a faca, mas se na imagem 5 a empunhava enquanto realiza uma ação cotidiana, lavar a louça, a imagem 6 apresenta uma ressignificação dessa ação. Agora é uma Raimunda forte, quase ameaçadora que, ao mesmo tempo olha a faca com estranhamento, perplexa, atônita. É também uma imagem típica do cinema de terror.

Raimunda abre o restaurante que seu vizinho acabara de fechar e cozinha para uma equipe de gravação de um filme que está sendo rodado nas proximidades. As habilidades culinárias de Raimunda são uma forma de sobreviver com dignidade. As vizinhas a ajudam com os recursos limitados que elas têm para que possa cozinhar e assim ganhar algum dinheiro, também a colaborarão nos afazeres do restaurante. Essa ajuda é mais um exemplo de sororidade no cinema de Almodóvar no qual a comida e a cozinha têm papéis significativos. Nesse sentido, há um *travelling* importante quando Raimunda volta para sua casa depois de comprar no mercado e na rua se encontra com duas vizinhas, Regina, prostituta, e Inês, dona de casa:

> **Raimunda:** Tudo bem Regina?
> **Regina:** Olá Raimundinha, você vai muito carregada.
> **Raimunda:** Tenho que cozinhar para 30 pessoas. Você não me poderia emprestar cem euros?
> **Regina:** Não tenho um tostão, mas comprei lombo de porco bem grande.
> **Raimunda:** Nossa, isso me ajudaria muito. Posso comprar pra você?
> **Regina:** Paguei 10,80, mas não tenho mais nada.
> **Raimunda:** Amanhã eu te dou o dinheiro. Me ajuda por favor.
> **Regina:** Tá bom, eu levo depois para sua casa.
> **Raimunda:** Obrigado meu bem.

---

[17] A cor vermelha é uma obsessão de Pedro Almodóvar. Sobre a forte presença do vermelho em seus filmes se pode assistir o vídeo de Jorge Luengo Ruiz: Pedro Almodóvar's Obsessions (I): Red Color.

Regina: Hoje terei que fazer dieta.

Raimunda: Vai ser ótimo para você... Olha... a Inês! Você já voltou da aldeia?

Inês: Voltei, ontem na tarde. Como você está?

Raimunda: Você por acaso trouxe algumas morcelas, algumas linguiças?

Inês: Trouxe sim!! As morcelas estão ótimas. Quando vou para aldeia minha sogra as encomenda para mim.

Raimunda: Eu estava precisando de um quilo e meio.

Inês: Como assim?

Raimunda: Tenho que fazer comida para trinta pessoas.

Inês: Quem veio menina?

Raimunda: É uma história muito longa, outro dia eu conto tudo. Você me poderia vender umas morcelas? Eu pago amanhã.

Inês: Claro, fica tranquila.

Raimunda: Escuta, e doces? Você trouxe alguns?

Inês: Trouxe uns bolinhos que se desfazem no paladar.

Raimunda: Sério Inês?! Com a glicose e o colesterol tão altos que você tem! Não acredito que você trouxe bolinhos.

Inês: É o único vício que tenho: Três caixas!

Raimunda: Você não deveria comer eles.

Inês: O que você quer que eu faça? Não os vou dar de presente não.

Raimunda: Vende para mim então, vão ser ótimos de sobremesa.

Inês: Bom, me deixe experimentar eles.

Raimunda: Claro menina, você come um, dois, três, quatro até... mas não engula todos. Você os leva para minha casa?

Inês: Fica tranquila.

Raimunda: Obrigada! (*Volver*, 30:30)

As vizinhas se ajudam umas às outras. Se juntam para que a elaboração da comida faça sucesso. Elaborar comidas para depois compartilhá-las têm sido sempre uma forma atávica não só de subsistência, mas também de sociabilidade nas comunidades tradicionais. Almodóvar parece querer *volver* também a essa condição onde o lucro econômico não é prioritário na relação entre pessoas, neste caso entre mulheres. O filme oferece uma imagem de um quadro de giz em cores com o menu oferecido para a equipe de gravação: "Cozinha caseira espanhola. Carne de porco. Tortilha e morcela. Salada. Bolinhos da Mancha" (*Volver*, 31:45).

Outras cenas relevantes do filme que também acontecem na cozinha: quando Agustina fala para a Sole, frente a um prato de sopa e um cozido, que a mãe dela está aparecendo às pessoas da aldeia, ou quando Sole confessa para Raimunda que sua mãe está viva e está morando com ela. A cozinha é, portanto, um lugar onde contar segredos e confissões íntimas.

Plano americano com a mãe (Irene) e as filhas (Raimunda e Leo) na cozinha da aldeia.

Uma das cenas finais do filme é quando as filhas e a mãe preparam um jantar na cozinha da aldeia (Imagem 7). É uma cena sossegada onde compartilham conversas enquanto cozinham, cada uma delas com um avental diferente, a mãe no centro da imagem enquanto as filhas olham para ela com atenção. As cores e a luminosidade da cozinha estão muito estudadas para transmitir calma e até harmonia ao espectador. Depois do périplo vital de cada uma delas, as três – Raimunda, Irene, Sole – puderam *volver* a estar juntas naquela cozinha da infância onde compartilham as iguarias de sempre e que agora conota amizade, sororidade e um amor familiar entre elas.

Referências

ALMODÓVAR, Pedro. *La flor de mi secreto.* Madrid: El Deseo S.A., 2005.

ALMODÓVAR, Pedro. *Todo sobre mi madre.* Culver City: Columbia TriStar Home Video, 2000.

ALMODÓVAR, Pedro. *El último sueño.* Madrid: Reservoir Books, 2023.

ALMODÓVAR, Pedro. *Volver*. Madrid: Cameo Media El Deseo D.L., 2009.

APPADURAI, Arjun. Gastro-politics in Hindu South Asia. *American Ethnologist*, v. 8, n. 3, p. 494-511, 1981.

CALCANHOTTO, Adriana. Esquadros. *In*: RUSSO, Renato. *Duetos*. EMI, 2010. Vídeo: 14/04/2015. Disponível em: https://www.youtube.com/watch?v=leL7KSkm97M. Acesso em: 06 dez. 2023.

CHIUMINATTO, Pablo; VERAGUAS, Ignacio. *Gusto, sabor y saber*. Santiago de Chile: Orjikh, 2022.

CLIMENT-ESPINO, Rafael. Cultura popular en *La flor de mi secreto* de Pedro Almodóvar. *In*: COSTA, Daniela; Marcelo Lacerda (Orgs.). *Estudos Hispânicos: Reflexões e Perspectivas*. Campinas: Pontes, 2018. p. 279-300.

CLIMENT-ESPINO, Rafael. Representaciones de la comida en la filmografía de Pedro Almodóvar: 1983-1993. *La Nueva Literatura Hispánica*, v. 23, p. 51-78, 2019.

CLIMENT-ESPINO, Rafael; GÓMEZ-BRAVO, Ana María. *Food, Texts and Cultures in Latin America and Spain*. Nashville: Vanderbilt University Press, 2020.

CON LAS MANOS en la masa: Elena Santoja y Pedro Almodóvar. Pisto manchego y cordero a la caldereta. 11.09.1985. Programa de TV.

D'LUGO, Marvin; VERNON, Kathlee M. (Eds.). *A Companion to Pedro Almodóvar*. Malden: Wiley-Blackwell, 2013.

GÓMEZ-BRAVO, Ana María. *Comida y cultura en el mundo hispánico*. Bristol: Equinox, 2017.

KORSMEYER, Carolyn. *Savoring Disgust: The Foul and the Fair in Aesthetics*. New York: Oxford University Press, 2011.

KORSMEYER, Carolyn. *El sentido del gusto: comida, estética, filosofía*. Barcelona: Paidós, 2002.

KUKSO, Federico. *Odorama: historia cultural del olor*. Barcelona: Taurus, 2021.

LUENGO RUIZ, Jorge. *Pedro Almodóvar's Obsessions (I): Red Color*. Vídeo: 24/06/2016. Disponível em: https://vimeo.com/167873646. Acesso em: 06 dez. 2023.

MAESENEER, Rita de. *Devorando a lo cubano: una aproximación gastrocrítica a los textos relacionados con el siglo XIX y el Periodo Especial*. Madrid: Iberoamericana, 2012.

MAURETTE, Pablo. *El sentido olvidado: ensayos sobre el tacto*. Buenos Aires: Mardulce, 2017.

MONZÓN, Enzo. Bodegones Almodóvar de Pedro Almodóvar. Vídeo: 21/09/2017. Disponível em: https://vimeo.com/234852686. Acesso em: 06 dez. 2023.

MUÑOZ, Ernesto R. Acevedo. *Pedro Almodóvar*. London: British Film Institute, 2007.

PADRÓN, Frank Nodarse. *Co-cine: el discurso culinario en la pantalla grande*. La Habana: ICAIC, 2011.

PADRÓN, Frank Nodarse. *El cocinero, el sommerlier, el ladrón y su(s) amante(s)*. La Habana: Instituto Cubano del Libro; Editorial Oriente, 2016.

PEDRO Almodóvar con su madre. Entrevista: 15/05/1999. Disponível em: https://www.youtube.com/watch?v=ObNvdwN3emg. Acesso em: 06 dez. 2023.

PEDRO Almodóvar i Marisa Paredes a la Filmoteca. Col·loqui. Filmoteca de Catalunya. Entrevista. 21/11/2014. Disponível em: https://www.youtube.com/watch?v=rd-Ne5sxwqk. Acesso em: 06 dez. 2023.

PÉREZ SAMPER, María Ángeles. *La alimentación en la España del Siglo de Oro*. Huesca: La Val de Onsera, 1998.

7

O cinema gastronômico no século XXI: três pratos principais

Frank Padrón

A relação entre comida e cinema – e de todas as artes na verdade – lembra daquele "livro infinito" de que falou certa vez Jorge Luis Borges.[1] Não há fim para os textos, fílmicos e todo o tipo, que colocam a gastronomia como tema central, motivo, alusão, referência, seja metafórica, seja literal. Como material ficcional ou não, a verdade é que o mundo dos pratos e das bebidas, dos restaurantes e das mesas, continua inspirando dezenas de artistas, acadêmicos e pesquisadores.

Depois de ter escrito um par de livros sobre esta proveitosa combinação entre comida e cinema, proponho nestas linhas abordar vários materiais audiovisuais, cubanos e estrangeiros, que revelam aspectos interessantes e significativos dessa mistura.[2] uma série norte-americana, um longa-metragem tailandês e um documentário assinado por um cineasta cubano serão objeto de estudo.

Episodicamente

As séries deslocaram o papel protagonista dos filmes. Hoje muitos preferem antes "ficar viciados" em um continuum de conflitos em capítulos e temporadas do que assistir a um longa-metragem que termina em hora e meia ou um pouco mais. Há de tudo, mas a indústria das séries, em plataformas

---

[1] Tradução do espanhol de Rafael Climent-Espino.

[2] *Co-cine. El discurso culinario en la pantalla grande* (2011) e *El cocinero, el sommelier, el ladrón y su(s) amante(s)* (2017).

como HBO, Netflix e outras, tem um sucesso crescente, e produtores, roteiristas e realizadores têm-se voltado para aqueles que colocam comida e bebida como eixo central de sua dramaturgia.[3]

Carnes e sanduíches em Chicago

A série da HBO *The Bear* (*O Urso*), que devemos à inventividade de Christopher Storer, tem sido uma das mais populares – não só na área em que atua, a culinária – desde que em junho de 2022 foi lançada a primeira temporada, continuando com uma segunda no ano seguinte – aparentemente a terceira ficará pronta em 2024 –, com dezoito capítulos entre as duas primeiras. Foi muito bem recebida pela crítica e ganhou algum prêmio importante.[4]

Chicago é a cidade onde Carmy Berzatto mora e tenta se recuperar do suicídio de um irmão muito querido – inclusive decide reabrir o restaurante da família fundado pelo irmão – após ter trabalhado em reconhecidos restaurantes de Nova York e Paris. É um local especializado em carnes, destinado principalmente aos sanduíches que trabalhadores e moradores da região vão comprar para seus lanches e almoços.[5] Nesse ínterim o local vai evoluindo para um restaurante gourmet.

À primeira vista, a série pode ser uma propaganda ruim para quem decide ingressar no ramo gastronômico: é tanto sacrifício, estresse e trabalho exaustivo vividos pelo protagonista, pelos chefs e funcionários que trabalham n'*O Urso*, implicando mais prejuízos do que ganhos – estes muito distantes ou

---

[3] Entre as séries mais populares se podem citar: *Sin reservas/No Reservations* (Bourdain 2005), *Criando Malvas/Pushing Daisies* (Fuller, 2009), *Una buena receta/ Burnt* (Wells, 2015), *Cómete el mundo con Emeril Lagasse/Eat the World with Emeril Lagasse* (Duffy, 2016), *The Chef Show* (Favreau, 2019), *Las crónicas del taco* (Pérez Osorio, 2019), *Una vida, una cena* (2019); *Foodie Love* (Coixet, 2019), *Breakfast, Lunch & Dinner...* (Chang, 2019).

[4] Treze indicações da primeira temporada aos Emmy incluindo seus atores principais. Também ficou entre "os dez programas do ano" segundo o American Film Institute enquanto a segunda temporada ficou entre as mais assistidas de 2023 segundo diversas pesquisas. Ganhou vários Prémios da Crítica, bem como muitos outros para vários de seus intérpretes, nas áreas técnicas e como produto audiovisual total nos Globos de Ouro, Gotham, People's Choice, Cinema Audio, Sindicato de Diretores e muitos outros.

[5] O lugar realmente existe em Chicago: Mr. Beef. É um restaurante italiano muito respeitável, especializado em sanduíches de carne bovina e localizado no River North, lugar frequentado pelo criador da série, grande amigo do filho do proprietário.

de muito longo prazo – que fazem com que os mais entusiasmados tenham vontade de "pendurar as luvas". Entretanto uma leitura mais aprofundada descobrirá a verdadeira e principal mensagem do texto fílmico: o que é feito com esforço, com desejo, com amor, não só leva finalmente ao sucesso, mas também faz crescer humana e espiritualmente a quem o realiza.

Na primeira temporada presenciamos todas as aflições que "ressuscitar um morto" acarreta: o restaurante está cheio de dívidas, de fissuras literais e de enormes dificuldades. Carmy é acompanhado por seu aparatoso e conflituoso primo Richie, a atenciosa, talentosa e sempre paciente *sous chef*, Sidney, e um grupo de funcionários – todos entre si, por respeito e confiança, se chamam de chefs, independentemente das verdadeiras hierarquias – que inclui cozinheiros, técnicos, auxiliares de cozinha, etc.

À medida que os capítulos avançam, nos adentramos não apenas em pratos requintados, complexos e variados, em preparação perene e perpétua diante das câmeras expressivas, mas em aspectos muito mais intrincados: as características dos personagens. Carmen, sua irmã – posteriormente incorporada ao coletivo – e o primo Richie, assim como o tio que aposta – e arrisca – com seu dinheiro pela reinvenção do projeto, vêm de uma família "disfuncional e ardilosa", como o próprio chef principal a qualifica com precisão, o que explica tanto o suicídio do desaparecido – mas onipresente – Mickey quanto os comportamentos desconcertantes e imprevisíveis de todos eles.

A temporada inicial mistura os dias agitados e atormentadores na cozinha d'*O Urso* com os diversos conflitos, aventuras, passado e presente dos personagens, o que é aprofundado na segunda temporada, com capítulos completos dedicados a eles. Tal diferença de abordagens implica uma certa "arritmia" geral da série, que alterna episódios, cujo dinamismo eletrizante, pode gerar taquicardia no espectador – a loucura no preparo e entrega dos pratos, contra o tempo que não para porque "cada segundo conta", como diz uma espécie de mantra, colocado em local visível do restaurante, um poderoso lembrete para os trabalhadores – com outros de um ritmo muito mais descontraído, e que se seguem, por exemplo, a viagem do principal confeiteiro a Copenhague ou da especialista Tina e do inquieto Richie a estabelecimentos colegas onde aperfeiçoarão seu aprendizado, assim como os passeios de Sidney por restaurantes e confeitarias para avaliar e ampliar o cardápio etc., essas diferenças de ritmo e narrativa que podem até ocorrer dentro do mesmo capítulo.

Mas isso não é um defeito em si, já que ambas abordagens gozam de um cuidadoso tratamento cinematográfico, onde se privilegiam *close-ups* ousados, ou sequências que parecem não ter fim, justamente aquelas passagens tão frequentes que fazem da cozinha um cenário bélico onde pratos muito singulares e variados parecem balas que vão ampliando aos poucos o cardápio da inicialmente modesta "lanchonete" familiar, destinada a ser um restaurante de alta cozinha;[6] os *travellings* e movimentos variados de câmara e a fotografia exploram as mais variadas gamas cromáticas e formas tão características de uma "cozinha de autor"; a montagem rigorosa e sincronizada, em sintonia com aquele mecanismo de "relógio suíço" de todo restaurante respeitável – não só *O Urso*, mas o "três estrelas" onde o primo Richie vai praticar pela primeira vez lavando talheres – ou a trilha sonora rica em sucessos musicais do rock alternativo das décadas de 1980 a 2000, muitos deles acompanhando as imagens da cidade mítica. O lugar é, não só um mero cenário, mas toda uma personagem, com suas ruas lotadas, o seu trem emblemático, suas noites iluminadas, a imponência do lago e sua arquitetura peculiar.

Apesar da força que logicamente tem a comida, o lado ontológico e filosófico enfocado na série não é menos importante: as complicadas relações interpessoais e profissionais dos personagens, os conflitos familiares de vários deles, o peso de um passado que por vezes tem um impacto doloroso no presente, envolvem também a imersão em temas tão sérios e profundamente abordados como a culpa, o luto, as segundas oportunidades, o (des)equilíbrio mental, as relações eróticas e muitos outros.

Um capítulo especialmente significativo é o intitulado "A família Berzatto" – segunda temporada –, uma retrospectiva de uma embaralhada reunião de Natal em torno do clássico jantar de família onde as felicitações, a renovação dos votos familiares e de amizade e o suposto espírito de harmonia se veem alterados por rancores, "roupas sujas", segredos e feridas purulentas: os pratos preparados pela mãe alienada e imprevisível – a genial Jamie Lee Curtis –, os ressentimentos e suspeitas de amigos e parentes – entre eles Sarah Paulson no papel da prima Michelle, outra participação de luxo –, a mesa lotada e requintada onde ninguém consegue comer nada, compõem uma dramaturgia exemplar, com admirável apresentação – evolução – solução?

---

[6] A variedade culinária corresponde à variedade humana que compõe o quadro d'*O Urso*, não só pela diversidade de personagens, mas também de origens, conflitos e raças: há latinos, afrodescendentes, vários estratos da classe média etc. No que diz respeito à gastronomia em si, a lista de roteiristas da série incluía pessoal ligado a essa indústria, fato que chega até aos atores, como é o caso do famoso chef canadense Matty Matheson no papel de Neil Falk, um mecânico simpático e problemático, o cara que conserta e conhece todos os segredos de quebras e avarias de todo tipo.

de conflitos que simboliza o melhor da série. Nela deve ser elogiado o trabalho de atuação, uma das áreas mais premiadas e reconhecidas em todas as competições e festivais onde *O Urso* tem concorrido; um trabalho que começa com o bem-sucedido *casting* que antecedeu a colocação em tela do texto audiovisual.

Jeremy Allen White – *Shameless* (Abbott, 2011) – é Carmy Berzatto, e embora experiências anteriores nos tenham revelado a sua dimensão histriônica, a complexidade desta personalidade condenada a transtornos bipolares, perseguida e atormentada por fantasmas familiares, como um excepcional profissional de cozinha e também como um sujeito inseguro e inconstante, é transmitida pelo ator em todas as suas nuances e reviravoltas.

Assim, a também escritora, estrela da comédia e diretora – possivelmente responsável por vários episódios da terceira temporada – Ayo Edebiri, como a contida, tão aparentemente confiante e criteriosa quanto vulnerável *sous chef* Sidney, o explosivo, contraditório mas terno e frágil primo Richard – *The Punisher* (Lightfoot, 2017) – e um amplo elenco que inclui as atuações não menos brilhantes de Molly Gordon – Claire –, Abby Elliot – Natalie –, Lionel Boyce – Marcus –, Liza Colón-Zayas – Tina – Jon Bernthal – Mike –, Oliver Platt – Tio Jimmy – e muitos mais.

O Urso é outro exemplo admirável onde cozinhar é topos de criação e arte, de autoaperfeiçoamento e serviço, e também uma metáfora para o conflito humano. Estamos todos prontos para desfrutar da próxima sequela, mas estas duas temporadas já estão incluídas entre as grandes séries contemporâneas e, repito, para além da área gastronômica.[7]

Todas as fomes

Embora alguns títulos sobre o que poderíamos chamar de "gastrocinema" tenham sido populares recentemente – *Pig* (Sarnoski, 2021); *Flux Gourmet* (Strickland, 2021) ou *The Menu* (Mylod, 2023) – gostaria de analisar um filme tailandês único deste mesmo ano: *Hunger* (2023), dirigido por Sitisiri Mongkolsiri, cineasta que já se moveu especialmente nas águas do terror sobrenatural (*Last Summer*, 2013, em codireção) e até dentro do vampirismo neogótico (*Krasue: Inhuman Kiss*, 2019).

Agora, porém, ele se volta para o mundo da culinária, dos restaurantes, dos chefs, estruturando um drama forte e sem falta de toques de humor. Em

---

[7] Em diversas pesquisas já aparece entre as "10 melhores séries de todos os tempos".

Hunger, Aoy, de vinte e poucos anos, administra a humilde pousada de sua família na cidade velha de Bangkok. Um dia, ela recebe um convite para deixá-la e ingressar no time do *Hunger*, o principal grupo de chefs de luxo da Tailândia. Lá impera Paul, um ser temível, implacável e ácido que mantém uma tese que alimenta um dos principais ideologemas que sustentam o texto fílmico: os pobres "comem para saciar a fome", enquanto os ricos têm dinheiro para desperdiçar em refeições caras, o que lhes permite que se saciem continuamente, de tal jeito que sua fome é infinita.

Onélio Jorge Cardoso, grande contador de histórias cubano, referiu-se num dos seus brilhantes contos às "duas fomes" de cada ser humano – a literal, a física, e a espiritual –, um pouco do que Jesus também disse quando, segundo os Evangelhos, afirmou que "nem só de pão vive o homem".

Hunger também parece referir-se àquilo que transcende o apetite, o desejo de comer. A luta de classes, a profunda diferença social que o filme traça a cada momento, passa pelo trabalho da funcionária recém-contratada, que se tornou a estrela do time; o trabalho de Mestre Paul para agradar as autoridades mesmo com pratos que têm mais aparência e embalagem do que verdadeira substância, e os dilemas éticos que a protagonista enfrenta à medida que avançam seus conhecimentos e práxis no mundo das facas, das panelas e da comida fazem parte do centro narrativo.

Hunger também, ou sobretudo, convida-nos a refletir sobre o poder: os seus excessos, os seus perigos, os seus jogos e trocas. A cozinha de Paul – mais do que um chefe de time, é um ditador, um líder fascista que, blindado pelo desejo de perfeição, não tem limites, por isso ofende, grita e exerce violência, mesmo física, com os seus "súditos" – é o campo de batalha onde esta projeção acontece, estendendo-se aos restaurantes privados que os contratam, onde também os ricos, os políticos e personagens famosos da indústria do entretenimento exibem seu poder, sua frivolidade, sua fragilidade, e inclusive a sua perene fome insatisfeita de tudo o que transformam em fruição, e até a gula que (de)mostram devorando as lagostas gotejantes e apetitosas ou as delicatessen vazias que os membros do famoso time preparam com mais espetáculo do que autenticidade. A série inclui também a modesta lanchonete de onde vem Aoy, à qual me referirei depois.

Entre Paul e sua discípula, recomendada por um de seus subordinados e escolhida por ele após demitir um soberbo garoto "de academia" ao descobrir seu potencial e talento – e após mandá-la tomar banho para livrá-la do "cheiro de pobre" –, a referida luta pelo poder concretiza-se individualmente. Paul quer ensiná-la, transmitir-lhe seus métodos e conhecimentos, mas quando

Aoy ameaça se tornar uma rival perigosa, que pode até desbancá-lo em seu prestígio e posição conquistada, ele a desafia e luta contra ela.

A jovem enfrenta por vezes um dilema perigoso: suportou a toxicidade e o ambiente ditatorial e totalitário do mestre, sofreu seus excessos e a falta de escrúpulos para manter o emprego, mas também cresceu como profissional, amadureceu, de modo que ao mesmo tempo avança no prestígio e no domínio dos segredos culinários, adquirindo os hábitos perfeccionistas e rigorosos de Paul. Ele lhe confessa no hospital, ao recebê-la em visita após um acidente, sua origem humilde e, portanto, sua inalienável vocação ao dinheiro e ao poder. Mas a ex-proprietária do humilde restaurante familiar, que consegue libertar-se da intimidação e do jeito desafiador do seu mentor tornando-se independente, não renuncia finalmente a seus princípios e, no combate ético-profissional, esses triunfam, razão pela qual Aoy ignora o chef quando este a avisa: "Para mim não existe comida feita com amor. Você precisa de motivação, não de amor".

O regresso ao seu mundo repleto de jovens insatisfeitos pela pobreza e pelos desejos inatingíveis, em que um prato de vísceras feito com bons sentimentos sabe melhor do que qualquer iguaria — como confessa um deles — e onde os comensais sem recursos partilham o macarrão, as histórias e o carinho sincero, acabam sendo a opção mais acessível no longo prazo.

Talvez possa parecer um chamado à resignação e ao conformismo, mas o próprio arco dramático do filme demostra a importância do sacrifício e do aprimoramento em uma profissão tão complexa como cozinhar — metonímia da vida — mas não a ponto de sacrificar valores muito mais importantes que não devem ser deixados no caminho.

Mongkolsiri captura isso tudo — e muito mais — em um cenário com alta densidade e espessura dramática, apoiado pela escrita inteligente e sutil de Kongdej Jaturanrasumee. Destacam os enquadramentos sobre os semantizados alimentos: o perigoso fogo como metáfora do sacrifício e do aprendizado, do vigor e do talento prontos para se desenvolver; as facas como símbolos expressivos das lutas e combates profissionais e morais que acontecem na história, mostram um brilhante trabalho de câmera, fotografia e edição. O hábil desenho dos personagens — não apenas dos protagonistas —, seus conflitos e aventuras se correspondem com uma atuação exemplar dos atores. Nos *close-ups*, Chutimon Chuengcharoensukying — Aoy — e Nopachai Chaiyanam — Chef Paul — aparecem com todas as nuances, energia e elegância nas transições e gestualidade.

Talvez um pouco excessiva na sua longa duração — mais de duas horas —, *Hunger* satisfaz-nos sem dúvida no que diz respeito à alimentação e aos seus territórios anexos, que abrangem muitos outros aspectos significativos da sociedade e da vida.

Histórias de comida cubana

Com a queda do campo socialista e a chegada a Cuba do chamado "Período Especial" no início da década de 90 do século passado – quando a economia sofreu consideravelmente e deficiências de todos os tipos, desenharam o que ficou conhecido como a "opção zero" – surgiram os chamados *paladares*: restaurantes privados cujo nome derivava de uma novela brasileira – *Vale tudo* (Carvalho, 1988) – transmitida em Cuba naquela época e que batizava assim, no singular, uma rede de restaurantes industriais dirigida pela protagonista.

Nesse contexto, tais locais sofriam restrições e controles excessivos por parte do governo cubano, até que em 2011, a renovação do modelo econômico iniciada um ano antes, levou a uma revalorização e aumento de tais projetos gastronômicos, que variavam de um modesto lanchonete a restaurantes luxuosos, com especialidades que incluíam desde comida autóctone até misturas com outras de outros países e regiões, que transcendiam seus perfis anunciados – no bairro Chinês, por exemplo, a oferta incluía pratos locais, italianos, caribenhos, árabes e muitos mais. Nessa época, o cinema cubano refletia o surgimento de lugares tão originais – na ilha caribenha, é compreensível, pois é algo muito natural em todo o mundo.

O curta *Anfritrión* (2012), do jovem cineasta Leandro de la Rosa, é um claro exemplo disso, uma amostra desse renascimento dos paladares cubanos em sua segunda, e muito mais feliz, edição e que, em seus apenas três minutos de duração, que acontecem quase em tempo integral em um desses restaurantes privados, fala também do surto turístico na Havana da época, das travessuras do cubano desde a infância e, claro, das novas realidades socioeconômicas. Três atores – um estrangeiro em visita a Cuba, uma criança e o garçom que os atende – apontarão isso em uma história com final surpreendente, armadilhas e troca de papéis que demostra engenhosidade e alegria na câmera.

Os longas-metragens também refletiram essas situações socioeconômicas, como mostra um filme como *Los buenos demonios* (2018), de Gerardo Chijona, no qual o protagonista – um jovem pragmático e "lutador" com vida dupla, que chega a se tornar um *serial killer* – tem entre seus trabalhos abastecer um "paladar" comandado por um amigo. Um ano antes apareceu *El techo* (2017), longa de estreia da diretora Patrícia Ramos, nele um dos pontos temáticos é uma pizzaria localizada nas alturas de uma casa, de cuja varanda os pedidos dos clientes eram baixados através de um cesto com uma corda, ilustrando aquele tipo de negócio mais humilde, mas de grande singularidade e imaginação que também tem caracterizado a restauração privada entre nós.

Asori Soto, jovem cubano formado em História da Arte pela Universidade de Havana e documentarista em Nova York, radicou-se na cosmopolita cidade norte-americana desde 2008 determinado a seguir essa carreira, mas justamente em 2018 retornou ao seu país natal pronto para redescobrir suas raízes e documentar as novas realidades socioeconômicas por meio da comida cubana, algumas de cujas peculiaridades e receitas – não exatamente as mais conhecidas – ele acompanhou com sua câmera em diversas cidades e províncias do país. Foi assim que surgiu *Cuban Foods Stories*, um *road movie* de "não ficção" que se detém em vários pontos importantes da geografia cubana, para se aproximar das gentes, dos pratos, das formas de conceber e praticar a gastronomia, com os quais procurou captar sabores e saberes emblemáticos da nossa culinária. Isso permitiu Soto a traçar uma cartografia da cubanidade daquele setor que tanto significa, como se sabe, na identidade de um país.

Desta forma centra-se no peixe fresco que se obtém do mar num barco, preparado e degustado por quem fez desta prática um estilo de vida e subsistência em Jagua, Cienfuegos; continua até as montanhas do Escambray, que o recebem com um típico coquetel de boas-vindas, – mistura de coco, mel e rum – para o levar à pitoresca casa de um casal romântico que transmite os sentimentos que sustentam a sua forte ligação com a comida que preparam: a comida típica cubana tornou famoso o *timbiriche*, como são conhecidos aqueles humildes recintos campestres onde seus anfitriões cozinham e oferecem deliciosos almoços aos viajantes.

Na lendária Trinidad conhecemos, por meio do dono de um próspero albergue – um negócio que também floresceu desde a primeira década do novo século, e que inclui a hospedagem e a alimentação de seus hóspedes –, o cotidiano de quem se ocupam desses negócios, desde a seleção dos produtos nos mercados agrícolas ou lojas estatais até sua preparação e desenho de uma cozinha personalizada com cunho próprio.

Em Remedios, Villa Clara, um homem de Baracoa que lá mora, conta seus inícios na culinária fazendo fumeiros e enchidos, para transcender para uma cozinha muito mais geral; mas aqui assistiremos também a uma pequena crônica das míticas *Parrandas* que definem a municipalidade – festas, concursos de grupos rivais, carnavais únicos em todo o país que alcançaram dimensão e prestígio internacional.

Gibara – pequena cidade na costa norte – permite ao diretor lamentar o encerramento de sua peculiar Escola de Gastronomia, onde as avós puseram em prática, ensinaram e transmitiram às novas gerações alguns dos seus segredos e pratos típicos, convencidas de que a de Gibara é a melhor cozinha de Cuba. E de fato, a venda muito barata de apreciados frutos do mar em copos de plástico era comum nas ruas da cidade costeira, o que interrompeu a retirada de muitas licenças a vendedores privados. A recepção aos cineastas incluiu alguns deliciosos pratos emblemáticos do cardápio do município de Holguín: caranguejo azul recheado, arroz com amêijoas coquilhas, paella típica, coquetel de ostras, caranguejo recheado, polenta de frutos do mar..., tudo isso atesta a expressividade da câmera.

Na histórica Sierra Maestra, Soto e seu time entrevistaram um amante do café: um homem e seu neto plantam, colhem, processam e preparam. O cultivador do néctar negro até dedica poemas ao vegetal, e considera que aquelas bolinhas vermelhas que vão virar a famosa infusão devem ser tratadas com tanto amor e carinho quanto uma mulher merece.

Em Viñales, Pinar del Río, assistimos, junto com os cineastas, a um típico jantar de família crioula, com carne de "porco em puas" e folhas de goiaba, desde o sacrifício – o menos doloroso para o animal – até o segredos do churrasco que o patriarca usa, ensinando seus filhos e netos, e todas as guarnições complementares que enriquecem a mesa: *congrí*, frituras, tamales...

Por fim, em Havana a câmera visita um *paladar* com critério estético, regido por um pintor cujo *staff* é composto por outros intelectuais e artistas, o que permite que tudo, desde os coquetéis do bar aos seus diversos pratos locais ou estrangeiros contenham cores, requinte, bom gosto... um verdadeiro selo gourmet, com uma forte marca pessoal e única.

Cuban Foods Stories também é uma modesta e bela lição de cinema. O próprio roteiro do diretor soube combinar com sucesso seus próprios comentários – geralmente poéticos e sinceros, com valioso conteúdo conceitual – transmitidos por sua voz fora da tela, com o depoimento dos entrevistados, que é complementado por meio da alternância do visual com suas diversas capturas da realidade em cada local visitado, algo pelo qual a edição de Kristan Sprague tem grande responsabilidade. A fotografia de Gilliam de la Torre escapa às tentações turísticas para focar e revelar-nos a beleza e a variedade da paisagem cubana, incluindo a paisagem humana: a hospitalidade, o afeto natural e o dom da partilha que nos caracteriza. Embora a câmera seja generosa nos *close-ups* dos pratos confeccionados e mostrados pelos protagonistas dessas histórias, ela não esquece a maravilha dos ambientes, que parecem incorporados às mesas bem servidas: rios e montanhas, planícies e mares, cidades e campos com seus anfitriões peculiares, em diferentes horas do dia e da noite, com suas respectivas variações da luz tão peculiar a Cuba, são radiografados com conhecimento e precisão pelos cineastas.

A música de Kyle Newsmater foi baseada em motivos do pentagrama cubano; soa a música camponesa, o *son* ou a *tonada* – músicas populares cubanas –, ouvem-se acordes tocados pelos crioulos e a cubaníssima guitarra, mas só como comentário, sem que o plano sonoro, rigorosamente desenhado por Keith Hodne, se interponha – muito pelo contrário – à força da imagem.

É verdade que o país que o *Cuban Foods Stories* (2018) reflete mudou extraordinariamente, e não exatamente para melhor. Ali se veem condições socioeconômicas muito melhores do que as que nos cercam hoje, mas sobre isso, e além de pratos e receitas e de comidas que transmitem muito da nossa essência por cima das peculiaridades regionais, o filme revela otimismo pelo futuro da ilha, e lança um voto pela cubanidade, construída na diversidade e na integração, que a própria riqueza da nossa cozinha simboliza e que os oitenta e dois minutos do documentário nos ajudam a entender e reafirmar.

Referências

ABBOTT, Paul. *Shameless*. John Wells Productions, 2011-2021.

BOURDAIN, Anthony *et al*. *No reservations*. Zero Point Zero Production, 2005.

CARVALHO, Dennis. *Vale tudo*. Rio de Janeiro: TV Globo, 1988.

CHANG, David. *Breakfast, lunch & dinner...* Majordomo Media, 2019.

CHIJONA, Gerardo. *Los buenos demonios*. La Habana: ICAIC, 2018.

COIXET, Isabel. *Foodie Love*. Miss Wassabi Film, 2019.

DUFFY, Mike; DUFFY, Tim. *Cómete el mundo con Emeril Lagasse/Eat the World with Emeril Lagasse*. 2016.

FAVREAU, John. *The Chef Show*. Netflix, 2019.

FULLER, Bryan. *Criando Malvas/Pushing Daisies*. Warner Home Video, 2009.

LIGHTFOOT, Steve. *The Punisher*. Santa Monica: Lions Gate Entertainment, Inc., 2017.

MONGKOLSIRI, Sitisiri. *Hunger*. Bangkok: Song Sound Production, 2023.

MONGKOLSIRI, Sitisiri *et al*. *Last Summer*. Bangkok, 2013.

MONGKOLSIRI, Sitisiri. *Krasue: Inhuman Kiss*. Bangkok, 2019.

MYLOD, Mark. *The Menu/ El Menú*. Los Angeles: Searchlight Pictures, 2023.

PADRÓN, Frank Nodarse. *El discurso culinario en la pantalla grande*. Icaic: La Habana, 2011.

PADRÓN, Frank Nodarse. *El cocinero, el sommelier, el ladrón y su(s) amante(s)*. Editoria Oriente: Santiago de Cuba, 2017.

PÉREZ OSORIO, Carlos. *Las crónicas del taco*. México: El Estudio, 2019.

RAMOS, Patricia. *El techo*. La Habana: Mar & Cielo S.A., 2017.

ROSA, Leandro de la. *Anfitrión*. La Habana: La Pupila Asombrada, 2013. Disponível em: https://www.youtube.com/watch?v=KWEjeyq9riQ. Acesso em: 06 dez. 2023.

SARNOSKI, Michael. *Pig*. 2021. Los Angeles: DECAL, 2021.

STORER, Christopher. *The Bear*. Burbank: FXP, 2022.

STRICKLAND, Peter. *Flux Gourmet*. San Francisco: Madman Entertainment, 2021.

SOTO, Asori. *Cuban Food Stories*. Easy Mondays Productions, 2018.

UNA VIDA, una cena. Madrid: Mediapro, 2019.

WELLS, John. *Burnt/ Una buena receta*. Battle Mountain Films, 2015.

Vegetariano

8
Escolhas em volta da mesa
em *O raio verde*

Giovanni Comodo

É verão. Vemos um grupo de jovens de vinte e poucos anos em volta de uma mesa com toalha e cadeiras ao ar livre, reunidos à tarde para o almoço entre as árvores com os pés na grama. Um dos homens traz à mesa as costelas de porco assadas com alecrim em uma travessa para todos ("umas malpassadas, outras ao ponto, tem para todos os gostos" diz ele ao sentar-se). Uma das jovens, Delphine, sorri, mas diz educadamente que não come carne, para a surpresa geral. Começa uma longa conversa em que os amigos questionam Delphine sobre as suas escolhas alimentares, que vai se sentindo cada vez mais desconfortável com a situação à medida em que busca as palavras para se justificar com o grupo. A câmera acompanha as reações dos jovens e os esforços de Delphine com a defesa de si e do vegetarianismo – que encontra pouca acolhida. Atrás deles, o vento agita algumas folhas e observamos a intensidade do sol mudar durante a conversa.

Aparentemente a cena traz uma tarde banal entre pessoas comuns em uma conversa corriqueira, sem grandes consequências. Porém são desses pequenos momentos cotidianos, repletos de escolhas e acasos em que se fundamenta o cinema de Éric Rohmer (1920-2010). O filme da cena em questão é *O Raio Verde* (*Le Rayon Vert*, FRA, 1986), uma das obras mais ousadas do realizador, e tem neste almoço um de seus pontos mais conhecidos. Adiante propomos um percurso para repensar a reputação de artista inflexível e criador solitário do cineasta, considerando seu método de trabalho, escritos e entrevistas, inclusive de colaboradores.

Após a apresentação da trama e do projeto do filme – realizado com baixo orçamento e sem um roteiro escrito previamente –, iremos nos deter em uma análise da mencionada cena do almoço e o quanto ela resume suas buscas artísticas e poéticas naquele momento da filmografia de Rohmer, que, afinal, não estava em desacordo com o que sempre defendeu para o cinema desde seus tempos como crítico, mas revelador do aprofundamento das suas escolhas em busca do belo e do verdadeiro na sétima arte.

Assim, vamos aos trajetos oferecidos pelo filme. Delphine, vivida pela atriz Marie Rivière, é uma jovem solteira que tem um trabalho burocrático em um escritório no centro de Paris. É início de julho, verão francês, e ela recebe a notícia que a amiga com quem passaria suas férias não poderá mais acompanhá-la. Faltando somente quinze dias para sua licença, Delphine fica arrasada: não tem como encontrar outra pessoa para substituí-la, seja amiga ou um pretendente. Também por este motivo, fica sem destino certo para aproveitar o seu recesso – e de maneira alguma quer ficar em Paris, no seu pequeno apartamento, onde faz muito calor nessa época do ano, com quase todos os seus amigos viajando.

A ideia de passar as férias sozinhas tampouco lhe atrai: "não sou uma aventureira", diz a uma amiga – esta já com os próprios planos de viagem com seu namorado – logo no início do filme. Sua irmã lhe convida para ir para Irlanda junto com ela, o marido e as crianças pequenas. Delphine não se compromete, pois quer aproveitar o sol do verão em um lugar quente, preferencialmente no mar. Não quer de maneira nenhuma viajar sozinha nem em excursão com estranhos. Anda por Paris e arredores conversando com amigos e familiares em volta de mesas de cafés e em casas, buscando alguma solução para seu dilema de férias, quem sabe outra pessoa com uma desistência de última hora e com um destino interessante – sem sucesso.

Contudo, depara-se com duas coisas nas ruas que lhe chamam a atenção. A primeira é uma carta de baralho da loteria federal da cor verde com uma cornucópia – símbolo da fortuna. Delphine vira a carta e descobre ali uma dama de espadas, carta no tarô ligada ao domínio da razão e da independência. Em um segundo momento, encontra um cartaz esotérico (também verde) que promove, em grandes letras pretas, "recuperar o contato consigo mesmo e com os outros". Estas pequenas descobertas ao acaso intrigam Delphine, crédula de horóscopos e de certo misticismo, que passa a interpretá-los como sinais oferecidos pelo mundo para si mesma. Durante seus percursos, a autodeclarada "não aventureira", repleta de razões – uma capricorniana de espírito independente, como dito várias vezes – partirá em busca de contatos, ligações e verdades com novas pessoas e, em última instância, consigo mesma, sempre a partir do contato com o que seu entorno lhe oferece. Rohmer a descreve como alguém com "pés inquietos" e que "busca estabilidade em sua vida" (Rohmer *apud* Handyside, 2013, p. 81).

Uma amiga de Delphine, Françoise (interpretada por Rosette), fica comovida e a convida para passar as férias com sua família em Cherbourg, cidade litorânea com porto e atividade petroleira na Normandia, no norte do país. Não se trata de um destino atraente, mas pelo menos é longe da capital. Todavia, a viagem se revela um desastre. Delphine não se adapta à família e aos amigos da casa. Vegetariana e pouco esportiva, aborrece-se com as atividades em grupo e as conversas em volta da mesa. Sozinha, passeia pelos matos à beira do mar e chora. Com a partida de Françoise da cidade, decide ir também, de forma abrupta para os outros colegas da casa – todos casais.

É durante a estada na Normandia que acontece a cena em questão deste texto. Contudo, antes de regressarmos a ela, até para melhor abordá-la, cumpre descrevermos o percurso do filme até o seu final.

De volta a Paris, sozinha, Delphine resolve ir até La Plagne, um destino de montanhas próximo à Suíça, e ficar no apartamento emprestado de um amigo. Já na pequena cidade, enquanto espera um conhecido com as chaves, sobe a pé uma montanha, toca na neve dura e olha o horizonte. Desiste da estada. Regressa a Paris na mesma tarde.

Caminha pelas praias urbanas do Sena, cheias e sujas, sem vontade de parar ou sentar um pouco. Encontra inesperadamente uma amiga de anos atrás em um café, agora casada e com filho pequeno – todas as amigas que cruzam seu caminho parecem estar comprometidas com seus próprios relacionamentos. Ela oferece a Delphine um apartamento vazio em Biarritz, popular balneário na costa basca francesa. Aceita.

Em Biarritz, mesmo com o sol, praia e mar tão desejados, Delphine se entedia, sozinha, mesmo cercada por uma multidão de veranistas. Caminha pela região sem rumo e se permite a ouvir conversas alheias. Dentre essas, aprende sobre o raio verde. É um raro fenômeno meteorológico, diz um senhor, possível somente em um dia de atmosfera limpa, resultado da refração das cores do pôr do sol sobre o mar: o último raio de sol possui a cor verde.

As senhoras em volta contam que há um romance homônimo de Júlio Verne, no qual tal raio oferece à sua testemunha a capacidade de ler "a verdade" dos próprios sentimentos e os dos outros, como uma clarividência – muito útil para a protagonista do livro de Verne, afirmam, uma jovem às voltas com o amor de seu pretendente. Desta forma, a plateia (e Delphine) pode entender o fenômeno tanto sob um viés científico como romântico, artístico. No mesmo passeio, Delphine encontra uma carta de baralho nas pedras à margem das ondas, um valete de ouros, carta ligada às resoluções e às oportunidades no tarô, ou simplesmente a figura de um homem jovem e um coração vermelho.

Delphine no dia seguinte conhece na praia uma turista sueca. De idades próximas, Lena não poderia ser mais diferente: loira, falante, confiante a ponto de tomar sol de *topless*, e diz que ama viajar sozinha. Já Delphine, quase sempre usa um maiô peça única tomara-que-caia. Juntas saem e flertam com rapazes. Entretanto, Delphine rejeita os avanços e as conversas e sai literalmente correndo de lá, decidida a deixar mais uma cidade e voltar a Paris.

Na estação de trem, sozinha mais uma vez, troca olhares com um rapaz. Começam a conversar, seu nome é Jacques. Ele vai a uma cidade litorânea vizinha, Saint-Jean-de-Luz, ela pede para acompanhá-lo. Caminham pelo calçadão, tomam uma cerveja em um café ao ar livre, conversam sobre o amor e a sua desconfiança nos homens – "é raro o olhar de um homem em que se possa ler", diz ela. Passeiam um pouco mais e Delphine nota uma lojinha de lembranças chamada "*Rayon Vert*", fazendo-a lembrar da história que entreouvira, das cartas e da cor verde em seu caminho. Convida Jacques para ver o pôr do sol em uma colina na ponta da praia, com bem menos gente. Sentam-se em um pequeno banco de pedra diante do horizonte, a praia e os turistas distantes atrás.

Ele a convida para passar os últimos dias de suas férias consigo em Bayonne. Ela pede para esperar o último raio de sol para responder. Aguardam. Delphine começa a chorar. Jacques segura seu rosto para que ela não perca o pôr do sol. Há uma sequência de planos e contraplanos do casal e do horizonte, até que surge um raio verde no mar onde o sol se pôs e Delphine grita "sim!" – o que marca o encerramento de suas buscas até ali e do filme em si: a partir de então, Delphine, supostamente avessa a aventuras, começa um novo trajeto, com seu novo parceiro romântico.

Desta forma, *O Raio Verde* é constituído de uma série de pequenos acasos e encontros calculados pelo seu diretor, levando sua protagonista a novas descobertas: histórias, pessoas, lugares, sempre fazendo-a entrar em maior contato com o mundo e consigo própria – a "verdade", afinal. Entretanto, nestes contatos, Rohmer entrega-se junto com sua protagonista às condições locais: luzes, cores, barulhos, ventos, pessoas. Para tanto, se propôs a algo até então inédito em suas ficções: decidiu fazer seu filme sem roteiro, completamente improvisado.

Trata-se de uma atitude à primeira vista inesperada pelo cineasta, cuja carreira começou ainda na crítica de cinema nos anos 1940. Rohmer sempre foi um realizador muito controlador em seus enquadramentos – não por coincidência, um dos primeiros grandes defensores de Alfred Hitchcock, mestre do suspense e das formas – e absolutamente detalhista na execução das palavras de seus roteiros, conhecidos por uma prosódia própria, mais próxima de um francês literário que coloquial. Defensor e admirador da literatura – sua primeira profissão fora como professor de literatura clássica –, Rohmer "criou roteiros com rígida base dramática e de tradição clássica: drama exposto, clareza narrativa, diálogos intensos e estruturação bem definida" (Garcia, 2021, p. 89). Era normal entregar os seus roteiros aos atores muitos meses antes das filmagens começarem e realizar ensaios frequentes nestes meses antes das câmeras rodarem, o que lhe servia tanto para observar e afinar as performances e pronúncias como ainda lhe permitia gravar em poucos *takes* durante as filmagens, uma vez que todos já conheciam bem as cenas.

Seu rigor era marcante não só na concepção do roteiro e na sua verbalização, mas presente desde seus tempos quando crítico de cinema e também perceptível na direção dos seus filmes. Jacques Aumont escreve que o modelo teórico defendido por Rohmer leva a crer que a encenação no cinema "podia ser uma disciplina científica", usando termos como estrutura, construção e cálculo para descrever seus trabalhos (Aumont, 2008, p. 169). Alain Bergala, por sua vez, destaca os "triângulos amorosos em forma de teoremas" presentes em títulos separados por décadas como *Minha Noite com Ela* (1969) e *Conto de Inverno* (1992) (Bergala, 2010, p. 21). Seus filmes, portanto, eram planejados com tamanho afinco por ele a ponto de o próprio cineasta declarar em entrevistas na época de lançamento de *O Raio Verde* que "realmente não cometemos erros nas filmagens, porque preparamos tudo cuidadosamente" (Rohmer *apud* Handyside, 2013, p. 86) – e sem dúvida houve erros no filme, porém transformados em acertos ao serem abraçados e trabalhados por ele e seus colaboradores.

Controlador, Rohmer acumulava funções nos sets de filmagens ao trabalhar com equipes pequenas, de chefe de produção à direção de arte e figurinista – somente contratava profissionais para o figurino em filmes de época e muitas vezes ele mesmo comprava as roupas para seus protagonistas. No departamento de som, fazia questão de participar pessoalmente até da captação dos sons de fundo para mixagem posterior, inclusive para se certificar que uma cena noturna teria na trilha sons capturados à noite e o equivalente para cenas diurnas, respeitando a locação escolhida – não permitia usar uma gravação de som de outra parte da cidade em outra, por exemplo. Tudo parte de seu férreo e constante compromisso com a realidade do mundo para ser capturada em seus filmes.

Portanto, já plenamente estabelecido como diretor perante o público e a crítica, foi recebida com surpresa a notícia de que faria um filme, nas suas palavras, "totalmente improvisado" e "amador". Para *O Raio Verde*, Rohmer abdicou de um roteiro escrito previamente e de uma equipe profissional considerável: seriam somente ele, seus intérpretes e três jovens mulheres para funções de câmera, som e assistência de produção, a maior parte dos envolvidos com pouca ou nenhuma experiência, usando como registro película 16 milímetros – material associado a trabalhos amadores por ser mais barato e de resolução e qualidade técnica de imagem bem menores que a tradicional de 35 milímetros do cinema comercial –, em diversas locações pela França no verão, sem licenças burocráticas para filmar e em um contato de embate direto com o mundo, pronto para capturar eventos do acaso totalmente fora de seu controle. Como protagonista, escolheu Marie Rivière, atriz e amiga que já conhecia e colaborava há alguns anos. Como preparação para o filme, segundo a própria Rivière, "foi só escolher os destinos e partir".

Ainda, os personagens que surgem diante das câmeras são em sua maioria pessoas sem qualquer experiência em atuação, muitas delas convocadas na rua momentos antes da câmera começar a rodar – como os diversos rapazes que surgem no caminho de Delphine.

É praticamente o caso da cena de almoço na relva da Normandia. Poucas semanas antes de começar as filmagens, Rohmer perguntou se Rosette – outra atriz parceira constante de seus filmes – poderia recebê-los na casa de veraneio de sua família em Cherbourg. Ela disse que sim, mas que a família estaria por lá. Rohmer achou melhor ainda: seriam incluídos no filme. Ou seja, as pessoas em volta da mesa são de fato os hóspedes da casa, não atores, parentes tanto da personagem como da atriz Rosette, que fizera o convite para Delphine ir consigo para as férias.

Na cena, como em todas do filme, não houve ensaio antes de começar a gravar. Segundo Rosette e Rivière, Rohmer apenas havia falado em separado para os irmãos de Rosette que Rivière não comia carne e para insistir um pouco no assunto.

Se a conversa começa em tom de surpresa, passa rapidamente para a negociação ("pegue uma costela pequena", "nem uma pequenina?"), a curiosidade ("come ovos pelo menos?", "e peixe?"), a incredulidade ("mas nunca come carne?") e os questionamentos mais intrusivos sobre sua saúde ("quanto ao seu organismo, não tem problema? Está tudo bem?"). A princípio, todos são educados e tentam à sua maneira acomodar Delphine e estabelecer pontes, porém o tom de interrogatório e de condescendência – como se seu vegetarianismo fosse um capricho ou uma certa imaturidade – vai ficando mais forte a cada troca. Trata-se de uma conversa bastante reconhecível a vegetarianos até os dias atuais, em qualquer cidade do mundo, em qualquer almoço de família.

Delphine era recém-chegada na casa e seu sentimento de deslocamento e solidão se intensifica na estada com um grupo em que os únicos solteiros como ela são as crianças pequenas. O desentendimento no almoço sobre seus hábitos alimentares acaba sendo o momento marcante para perceber que tampouco ali naquela casa é o seu lugar.

Neste filme repleto de deslocamentos, Rohmer organiza-o com algumas cenas longas de diálogo, normalmente em volta de mesas em refeições frugais ou bebidas, em que as personagens podem falar abertamente de suas aflições, intercalados com inserções de filmagens nas praias (da Normandia, do Sena, da costa oeste francesa) e das pessoas por ali, com Rivière no quadro ou não. Em resumo, pequenos momentos mais observacionais, mais próximos do "documentar" o verão francês, e os blocos maiores de diálogo.

Durante estes blocos maiores, a câmera em mãos de Sophie Maintigneux – em seu primeiro trabalho como diretora de fotografia, aos 23 anos –, também à sua própria maneira "deambula", procurando sutilmente enquadrar melhor os rostos, inclusive com zoom, no calor do momento, reagindo de acordo com o que as pessoas em frente fazem e falam. Durante o filme, inclusive, é possível perceber Maintigneux mudar de ideia de um enquadramento mais abruptamente, quando surpreendida por alguma reação diante de si. Contudo, no geral, nas cenas de conversa que se alongam por muitos minutos Rohmer e Maintigneux permitem à plateia deixar os olhos percorrerem o quadro. Com isso, é possível perceber melhor pequenos detalhes sem perder o conteúdo das conversas: os olhares, os pequenos gestos, o vento que entra em cena, as roupas, a comida, a bebida. Tudo que informa mais sobre o mundo capturado pelo diretor e da vida das pessoas em cena. Por exemplo, atrás de Rivière é possível perceber um grande arbusto de alecrim, o mesmo tempero da carne servida – o que acaba por ser revelador de hábitos daquela família, que aproveita o jardim não só para viver mais o verão como para plantar seus temperos e usá-los na preparação de suas refeições (figura 1). Ou as cadeiras que não combinam, revelando o caráter de improviso e simplicidade da mesa posta – pouco depois haverá um *take* que mostra que trouxeram uma mesa de madeira e cadeiras de dentro de casa para o quintal.

Figura 1: É possível ver o arbusto de alecrim à esquerda de Rivière.

A escolha por não manter a câmera em um plano rigidamente fixo, em um tripé, mesmo em cenas em que permanecemos no mesmo lugar por tempo considerável, também acentua uma sensação de frescor e leveza que perpassa todo o filme, como se o enquadramento permitisse a passagem do vento pela tela – sendo a capacidade de capturar o movimento do vento uma qualidade primordial da arte do cinema desde os tempos dos irmãos Lumière. Rohmer, grande admirador de Lumière a ponto de realizar um documentário sobre a obra de Louis, sabe disso e se inscreve nessa tradição, do que é mais essencial no cinema: são muitos momentos em que ele simplesmente registra o vento sobre as árvores e sobre o rosto de Rivière, especialmente durante a estadia em Cherbourg. São instantes sem diálogo, puras imagens em movimento que despertam nossas emoções. Também são exemplares da relação de confiança e parceria do diretor com sua protagonista: todo o filme depende da sua capacidade de reação com o mundo e somente pode acontecer porque já se conheciam muito bem, no ápice de uma colaboração criativa e de amizade que se estenderia por décadas. Inclusive, mesmo sendo um filme sem roteiro, Rohmer e Rivière dividem o crédito de autoria do texto.

Durante a cena do almoço, outro detalhe chama a atenção: o que diz sutilmente a respeito das roupas dos presentes. Os três casais em cena vestem cores de acordo com seus pares, em tons de azul, verde e rosa (figuras 2 a 4); a cor e o corte da roupa de Delphine combinam exatamente com a da outra criança à mesa (figura 5), o que acentua seu isolamento dos outros casais e um caráter infantil que lhe é imposto com o avanço da conversa.

Curiosamente, é a criança a única a sair imediatamente em prol de Delphine, explicando aos adultos que "ela prefere legumes" sem incômodos assim que todos expressam surpresa.

Figura 2   Figura 3
Figura 4   Figura 5

Por sua vez, o som da cena é direto, sem usos de pós-produção. Como durante todo o filme, é possível perceber os barulhos que invadem a conversa – normalmente considerados como "sujeiras" por muitos profissionais da área, como vindos do trânsito ou de passantes – aqui o som de pássaros, provavelmente gaivotas da praia próxima. Com os improvisos das pessoas em cena, muitos sons atravessam o que o outro está dizendo, nem sempre tudo o que é dito é inteligível para o público e algumas informações se perdem. Estas aparentes falhas do registro, no entanto, constituem na opinião de Rohmer uma força do filme: ele encara tais "defeitos" como fatores que "acentuam a impressão de realidade do filme. Eu considero isso perfeito" (Rohmer *apud* Handyside, 2013, p. 96-97).

O uso da película em 16mm vem no mesmo sentido. Ainda em 1949, no seu texto *Reflexões sobre a cor*, Rohmer defendia que "agora, muitos filmes em 16mm vêm nos restituir a beleza de certas paisagens com um poder de ilusão tal que a imagem perde, por assim dizer, o seu caráter autônomo e se nos aparenta como a exata cópia de uma realidade que permanece submissa ao julgamento estético" (Rohmer, 2020, p. 68-70). Ou seja, já fazia décadas que Rohmer via no suposto amadorismo do 16mm uma possibilidade de captura da beleza do mundo de uma maneira mais fidedigna que os 35 mm dos profissionais do circuito.

O registro em 16 mm e com poucos recursos de Rohmer – "orgulhosamente modesto" descreve o crítico Serge Daney – também acarreta em imperfeições próprias da fragilidade das condições. Ao abraçar o improviso, o acidental e o acaso na sua feitura, portanto, o cineasta também abraça o mundo natural em si e a sua beleza, pois este é dotado de acidentes, trazendo uma forte carga de respeito à integridade do momento em que filma, das pessoas e dos eventos que se sucedem diante da câmera – o que evoca os ensinamentos de André Bazin, seu colega de redação na revista *Cahiers du Cinèma* e o principal defensor do caráter ontológico da imagem do cinema.

Tais atitudes não são afinal uma surpresa em Rohmer, estão em consonância com o que sempre defendeu para o cinema: desde seus trabalhos na crítica, argumenta que é dever do cineasta capturar a beleza e o movimento do mundo. Em um dos seus textos mais conhecidos, *O Gosto da beleza*, de 1961, Rohmer aprofunda diversos aspectos de *Reflexões sobre a Cor* e escreve que a própria noção de *mise-en-scène* é abarcada por ter a beleza como valor inegociável, quase dogmático, colocando-a no centro das atividades do cineasta. Prossegue, comparando cinema e pintura:

> O cinema, ao contrário [da pintura], usa técnicas que são instrumentos de reprodução ou, se se quiser, de conhecimento. Ele possui, de certo modo, a verdade em princípio e se propõe a beleza como fim supremo. Uma beleza, então, e isto é o importante, que não se deve ao cinema mas à natureza. Uma beleza que ele tem a missão, não de inventar, mas de descobrir, de capturar como uma presa, quase de roubar as coisas.
> A dificuldade para o cinema não é, como se crê, de forjar um mundo seu com esses puros espelhos que são os utensílios de que dispõe, mas de simplesmente poder *copiar* essa beleza natural. Mas se é verdade que ele não a fabrica, também não se contenta de nos entregá-la como um pacote bem embrulhado: antes ele a suscita, ele a faz nascer segundo uma *maiêutica* que constitui o fundo mesmo de seu procedimento (Rohmer, 2020, p. 117-118, grifos do autor).

Tal passagem mostra-se interessante não apenas pelo caráter baziniano de trazer a túnica sem costuras do mundo em seus filmes, mas também pela ideia de que a beleza precisa ser suscitada, "provocada" por uma série de reflexões e questionamentos do cineasta. Não cabe ao cineasta apenas deixar sua câmera no mundo, passivamente, mas de agir com ela sobre o mundo de forma a "capturar como uma presa" a beleza do mundo, um ato ativo e de constante atenção. Ou seja, há tanto a abertura para o mundo como um rigor permanente do olhar do cineasta em sua atividade.

De volta à mesa da família, continuamos observando Delphine lutar para ser compreendida, para conseguir falar o que pensa em voz alta. Reconhecer seu vegetarianismo é também reconhecer a ela própria. A comida é também uma maneira de estar no mundo, conhecê-lo e ser conhecida nele. "Somos o que ingerimos", chega a dizer, em suas tentativas de argumentar por suas escolhas ali, enquanto enumera argumentos de variadas espécies: moral, econômica, ambiental, de gosto, e mesmo de leveza e ar na vida, mas sem sucesso.

A cena serve também como uma síntese da personagem: seletiva, ela sabe o que não quer. Como se expor e como se colocar no mundo são boa parte das dúvidas que lhe afligem por todas as férias – os segredos em um coração que o raio verde é capaz de revelar. Ainda, trata-se de um momento em que a plateia, compartilhando sua ansiedade crescente com a conversa, consegue criar grande empatia com a personagem.

É também uma cena desafiadora para qualquer cineasta, exatamente pelo seu caráter cotidiano: enquanto parte da plateia, temos mais facilidade para acreditar e tomar como verdadeiras cenas com pessoas em gravidade zero no espaço do que em momentos que conhecemos com propriedade – como mostrar uma conversa em volta da mesa. Os lugares e suas condições podem mudar, mas são experiências que pertencem a todos. A simplicidade, portanto, é apenas aparente, pois é mais fácil para nós reconhecermos o falso e o enganoso em algo que temos intimidade.

Neste sentido, vale recordar André Bazin novamente – de quem Rohmer se declarara discípulo por toda a vida. Ao escrever sobre *Umberto D.* (Ita, 1952), dirigido por Vittorio De Sica e escrito por Cesare Zavattini, Bazin reconhece ali "uma sequência prodigiosa, que permanecerá um dos ápices do cinema" (Bazin, 2014, p. 351): o despertar da empregada em suas ocupações matinais prosaicas (riscar o fósforo do fogão, acendê-lo, moer o café, abrir a porta). São pequenos gestos facilmente reconhecíveis pelo público e que, vendo-se ali, pode reconhecer melhor a beleza em seu cotidiano:

> Não nos enganemos, porém, sobre o sentido e o alcance que tem aqui a noção de realismo. Trata-se, sem dúvida, para De Sica e Zavattini, de fazer do cinema a assíntota da realidade. Mas para que, em última instância, a própria vida se transforme em espetáculo, para que, nesse puro espelho, seja finalmente vista como poesia. Tal como em si mesma, enfim, o cinema a transforma (Bazin, 2014, p. 352).

Eis o mesmo intuito do compromisso do fazer cinematográfico de Rohmer: redescobrir a beleza do mundo e compartilhá-la com a plateia para que ela mesma redescubra o mundo ao sair da sessão.

A discussão e a cena do jantar chegam ao fim com o oferecimento de flores à Delphine. Usadas como arranjo da mesa, um dos homens sugere que seja afinal o alimento da jovem. Ela recusa, reconhecendo a capacidade poética da pequena flor (figura 6). Como o diretor de seu filme, sabe que a beleza do mundo está nas pequenas coisas. A nós, fica o convite para também descobri-las, ao final da sessão.

Figura 6

Referências

AUMONT, Jacques. *O cinema e a encenação*. Lisboa: Texto & Grafia, 2008.

BAECQUE, Antoine de; HERPE, Noël. *Éric Rohmer: biographie*. Paris: Stock, 2014.

BAZIN, André. *O que é o cinema?* São Paulo: Cosac & Naify, 2014.

BERGALA, Alain. Les jeux du choix et du hasard. *Cahiers du Cinéma*, Paris, n. 653, p. 20-21, fev. 2010.

GARCIA, Alexandre Rafael. *Contos morais e o cinema de Éric Rohmer*. Curitiba: A Quadro, 2021.

HANDYSIDE, Fiona (Org.). *Eric Rohmer: interviews*. Jackson: University Press of Mississipi, 2013.

ROHMER, Éric. *Le Goût de la beauté*. 3. ed. Paris: Cahiers du Cinéma, 2020.

ROHMER, Éric. Le Rayon Vert. *Microfilms*. Entrevistado: Éric Rohmer. Entrevistador: Serge Daney. Paris, France Culture, 07 set. 1986. Programa de rádio.

Sobremesa

9
Xica da Silva:
entre sabores e indigestões

Rodrigo de Almeida Ferreira

Pensar a alimentação no filme *Xica da Silva*,[1] dirigido por Cacá Diegues e lançado em 1976, quando obteve grande sucesso de público e crítica, foi o desafio colocado pelo grupo de pesquisa *Sobre Alimentos e Literaturas* (SAL/ UFMG). Investigar as relações entre alimentos e a história é instigante por si dada as possibilidades de análises que se abre; em especial a partir deste filme, porque foi possível enfatizar aspectos relacionados à alimentação na narrativa fílmica em *Xica da Silva* que não foram centrais em algumas abordagens empreendidas sobre o filme.[2]

À provocação cogita-se a hipótese de que os alimentos no filme de Cacá Diegues funcionam como um tom da narrativa e como marcadores de mudanças significativas nos destinos das personagens, com destaque à trajetória da protagonista. Nesta direção, serão abordadas algumas sequências que podem ser agrupadas em três momentos de passagens significativas na história da Chica da Silva. Primeiramente, a parte inicial do filme, quando o espectador é contextualizado do período histórico e apresentado aos personagens. O segundo conjunto de sequências sinaliza, a partir de conflitos e soluções, o protagonismo da personagem-tema e a tensão no enredo fílmico. Por fim, o terceiro conjunto traz a dimensão da sociabilidade política à mesa, a partir

---

[1] A grafia com "x" foi uma liberdade do diretor Cacá Diegues e se massificou com a popularização da história. Ela será preservada quando se referir à obra fílmica. No entanto, em referência à personagem histórica, será seguida a grafia "Chica", como apelido do seu nome Francisca.

[2] Refiro-me, em especial, a Ferreira (2014).

da sequência do jantar de recepção ao Governador e a sequência apoteótica no banquete final de *Xica da Silva*. Para o entendimento do leitor sobre a história do filme e o período histórico, inicialmente serão apresentadas breves informações sobre a região diamantina e como a memória da Chica da Silva se transformou no imaginário social.

O filme acompanha a história da mulher Chica da Silva, negra, nascida de mãe escravizada, em Milho Verde, próximo ao Arraial do Tejuco (atual Diamantina/MG), epicentro da extração de diamantes. A exploração diamantífera nas Minas coloniais tem características próprias, pois a administração portuguesa impôs restrições especiais para coibir os desvios da valiosa riqueza. Embora o fluxo de pedras preciosas inundasse o mercado europeu desde a década de 20 do século XVIII, somente em 1729 a descoberta foi anunciada oficialmente, seguida da proibição de extração para tentar restringir a oferta de pedras e frear a consequente baixa dos preços, enquanto era elaborado um plano de extração mais eficaz para os cofres reais. Em síntese, a história dos diamantes apresenta quatro marcos gerenciais por parte da Coroa: i) 1729, descoberta; ii) 1734, proibição da livre extração, acompanhada da demarcação da terra dos diamantes, delineada a partir das extremidades geográficas onde havia sua ocorrência, portanto, suscetível a expansão conforme novos achados. No distrito diamantino se estabeleceram regras específicas para ocupação, atividades econômicas e autoridades; iii) 1739, o estabelecimento do sistema de exploração por arrematação do contrato a um único (ou associação) particular. O contrato regulava a quantidade de escravos a serem empregados, obrigações e valores. Ressalta-se que, diferentemente das áreas auríferas, onde a exploração do ouro era livre, no Distrito Diamantino era um direito exclusivo da Coroa; iv) 1771, a Coroa extinguiu o sistema de contratos e assumiu a exploração por meio da criação da Companhia Real de Extração dos Diamantes.[3]

No caso do *Xica da Silva*, a trama se desenvolve nos três últimos contratos (1754-1771), todos arrematados por João Fernandes de Oliveira. Portanto, os anos em que viveu com Chica. Apesar dos interditos na América portuguesa para a relação interracial, em que pese a violência e desigualdade desta, intrínseca em uma relação de escravização, sua ocorrência foi corrente na sociedade

---

[3] Para análises da sociedade diamantina mineira, especialmente a partir das lacunas da lei e seus impactos sobre o cotidiano, sugere-se: para o período do sistema de exploração por Contratos: Ferreira (2009); para o período da Real Extração: Furtado (1996).

mineira.[4] A história entre Chica e João Fernandes desperta atenção pela singularidade, pois se trata de uma inversão social atípica, na qual uma mulher negra escravizada viveu uma relação pública por quase duas décadas com um dos homens mais ricos e poderosos de Portugal. Nesse período, conquistou sua alforria e gerou uma dezena de filhos com o Contratador. Disseminada na memória popular, os elementos da história despertaram também atenção de artistas que fizeram suas leituras desse romance histórico, por vezes salpicado por nuances políticas e do cotidiano das Minas setecentistas. Apesar da volumosa produção sobre essa história, somente em 2003 a historiografia recebeu a valiosa contribuição de *Chica da Silva e o Contratador dos Diamantes: o outro lado do mito,* da historiadora Júnia Furtado (2003), que buscou reconstruir a biografia de Chica, contextualizando-a ao mundo setecentista: pela história das mulheres, em especial as negras escravizadas e alforriadas; pelo escravismo e; pelas relações de poder decorrentes da exploração mineral, sobremaneira na região dos diamantes.

Ciente do risco que tentativas de síntese trazem pelo não aprofundamento da informação – ou mesmo, a não inclusão de um dado –, mas fiando-se na esperança de que poderá ajudar o leitor, sem incorrer em prejuízo para o objetivo deste texto, que é pensar a representação dos alimentos no filme, seguem algumas leituras que alteraram o imaginário social da Chica da Silva. O primeiro registro da ex-escravizada apareceu no jornal *O Jequitinhonha,* a partir de 1862, quando o memorialista Joaquim Felício dos Santos publicava semanalmente as histórias do Distrito Diamantino, portanto, quase um século depois dos acontecidos. Seus textos no jornal foram compilados no livro *Memórias do Distrito Diamantino e do Serro Frio* (1976). Este registro traz duas linhas que influenciaram abordagens futuras: a primeira, caracteriza a submissão do Contratador às vontades da Chica; a segunda, revela o juízo de valor, imbuído de racismo, pois valendo-se das memórias de outrem, enfatiza sua negritude e a descreve como uma mulher feia e desinteressante, mas que se tornou uma espécie de primeira-dama do Tejuco.[5]

---

[4] Para os temas das famílias mineiras no período do escravismo, sugere-se: Figueiredo (1997).

[5] "Foi célebre esta mulher, única pessoa ante quem se curvava o orgulhoso contratador; sua vontade era cegamente obedecida, seus mais leves ou frívolos caprichos prontamente satisfeitos. Dominadora no Tijuco, com a influência e poder do amante, fazia alarde de um luxo e grandeza, que deslumbravam as famílias mais ricas e importantes [...]. Francisca da Silva era uma mulata de baixo nascimento. [...] Tinha as feições grosseiras,

As *Memórias...* de Joaquim Felício dos Santos, provavelmente, embasaram Cecília Meireles ao cantar Chica da Silva em seu *Romanceiro da Inconfidência* (1965). Lançado em 1956, o livro narra fatos conhecidos da história de Minas e da Inconfidência Mineira (1789), organizado em *Cantos* ou *Romance*. O Distrito Diamantino é tema entre os *cantos XI e XIX,* com atenção especial à Chica. Se, por um lado, a descrição da Chica confluía às memórias do século XIX, a poetisa acrescentou uma característica à sua personalidade: astúcia política. De fato, os versos destacam a inteligência e boa leitura do contexto no qual o Contratador é alvo de investigações por parte do governador da capitania de Minas. Inclusive, o retorno de João Fernandes a Portugal para solucionar seus problemas e o recolhimento de Chica, que permaneceu no Tejuco, encerram a primeira parte do *Romanceiro* como o fim da época das riquezas, sendo o prenúncio do peso da repressão aos inconfidentes que viria.

Outra marca significativa nas interpretações sobre Chica da Silva ocorreu no âmbito carnavalesco, quando a escola de samba carioca Acadêmicos do Salgueiro sagrou-se campeã ao torná-la tema do seu desfile, em 1963. Pela festa popular, com ampla cobertura de revistas e jornais de circulação nacional, Chica da Silva rompia as montanhas das Gerais e consolidava sua inserção na memória negra brasileira. A protagonista foi interpretada Isabel Valença, esposa do presidente da escola, sobressaindo na imprensa elogios à sua beleza e performance como a majestade da Chica no carnaval. Considerando a cobertura da época, o desfile do Salgueiro levou para primeiro plano a sensualidade da Chica – deixando mais distante o tom jocoso e pejorativo com que foi descrita no século XIX.

Passados dois séculos entre a existência de Chica da Silva e sua carnavalização, múltiplas *Chicas* foram sendo apropriadas e ressignificadas no imaginário social. Nesses processos, sem dúvida, o sucesso nacional de *Xica da Silva* foi essencial para sua percepção pelo público aos moldes das lentes do filme. Em entrevistas, Cacá Diegues enfatizou que seu primeiro contato com a história da Chica da Silva foi no carnaval de 1963, quando projetou filmar aquela história. Em 1976 o diretor concluiu seu projeto e lançou o filme, que expressa nuances da linguagem carnavalesca e alegórica.

---

alta, corpulenta, trazia a cabeça rapada e coberta com uma cabeleira anelada em cachos pendentes, como então se usava; não possuía graça, não possuía beleza, não possuía espírito, não tivera educação, enfim, não possuía atrativo algum, que pudesse justificar uma forte paixão" (Santos, 1976, p. 123-124).

De fato, a obra reiterou o tom com o qual a Chica vinha sendo representada após o desfile salgueirense. Poderosa e astuta, Diegues incorporou e destacou a sensualidade como arma nas negociações na sociedade escravocrata. Nos quase 120 minutos da película, o espectador assiste a uma jovem Zezé Mota, cuja interpretação da protagonista está entre seus melhores trabalhos, que se vale do sexo para obter benefícios juntos aos homens brancos daquela sociedade. Preocupado com a diversão do público, o diretor usa a liberdade cinematográfica para compor os personagens, cada vez mais caricaturais no desenvolvimento do filme. Outro componente fílmico a reforçar a sexualização da história foi a música-tema, composta por Jorge Ben e que alcançou enorme sucesso. O ritmo contagiante e crescente da canção, bem ao estilo do artista, favorece a empatia com a história contada (agora pelo filme e pela música) da protagonista, que tem na malícia e sensualidade suas características, como sintetiza o refrão com forte acento na sílaba "da", como denotação de um ato sexual.[6]

Ainda na época do lançamento, o viés sexualizado para caracterizar a mulher negra foi motivo para contundentes críticas ao diretor, colocadas por meio da imprensa escrita.[7] A historiadora Beatriz Nascimento, negra, feminista e tragicamente assassinada em um episódio de feminicídio, não poupou palavras para condenar a perpetuação da leitura das mulheres escravizadas como espécie de objeto sexual sujeita ao senhor ou a leitura depreciativa sobre a mulher negra contemporânea.

A historiadora afirmou que era "um desrespeito à própria História do Brasil utilizar um episódio não estudado e não elaborado, tratando-o sem a

---

[6] O refrão é simples e repete: "Xica da, Xica da, Xica da / Xica da Silva, a negra / Xica da, Xica da, Xica da / Xica da Silva, a negra / Xica da Silva a negra, a negra". O diretor Cacá Diegues desejava que Jorge Ben (somente nos anos 1990 adotaria o nome artístico Jorge Ben Jor) fizesse a música tema, porém, a agenda do artista o impedia de acompanhar as gravações ou o processo de edição. A solução foi uma troca de cartas pela qual o músico se municiava de informações que deram o tom da música. Além da trilha sonora, a canção foi lançada no álbum *África Brasil*, de 1976, pela gravadora Phillips. Para a letra completa da música *Xica da Silva*, visite: https://tinyurl.com/yp9c92ya. Acesso em: 07 dez. 2023.

[7] O debate mais emblemático ocorreu no jornal *Opinião*, quando cinco artigos problematizaram os significados do filme para a representação das pessoas negras no Brasil, de modo articular o período abordado pelo filme ao tempo presente. Os títulos dos artigos e seus respectivos autores são: *Abacaxica* (Carlos Frederico); *A hierarquia dos fracos* (Roberto da Matta); *Copiando o senso comum* (Carlos Hasenbalg); *A senzala vista da casa grande* (Beatriz Nascimento); *Bem Nascido e bem dotado* (Antônio Callado). *Opinião*, 15 out. 1976, p. 18-22.

discussão e a dramaticidade que as circunstâncias impunham" (Nascimento, 1976, p. 22). Algo que pode ser exemplificado pela ausência da "Chica-mãe", embora ela tenha gestado um filho a cada dois anos, praticamente, no decorrer de sua longeva relação com João Fernandes. Diante disso, Beatriz assumia ter perdido "as esperanças quanto à compreensão do intelectual branco brasileiro sobre a real história do negro" (Nascimento, 1976, p. 22). Beatriz Nascimento entendeu o filme como uma espécie de reedição empobrecida do livro *Casa grande e senzala*, escrito pelo pernambucano Gilberto Freyre, duramente criticado como fundamentação ideológica do mito da democracia racial brasileira. Ou seja, o filme recolocava as bases para se minimizar, ou mesmo invisibilizar, os problemas que o escravismo legou para o país. Problemas que permanecem no século XXI e que, ressalva-se, continuam a ser combatidos por meio do ativismo, da denúncia do racismo estrutural, pela pressão por políticas pública de reparação histórica, bem como pelo desenvolvimento de práticas por uma educação antirracista como diretriz pedagógica entre educadores e estudantes.

As críticas foram refutadas pelo cineasta, que afirmava ter procurado valorizar a memória negra. E, ainda, que *Xica* devia ser compreendido no contexto da revolução sexual dos anos 1960/70, e a participação mais ativa da mulher na sociedade como reflexo das mudanças comportamentais. Todavia, a ferida estava aberta e a celeuma permaneceu. Em 1978, em entrevista concedida à jornalista Pola Vartuk, o diretor retomou as críticas recebidas sobre seu trabalho, em especial à *Xica*, e as rebateu por contra-ataques a parcelas do campo da esquerda e artístico por atuarem como patrulheiros ideológicos.[8] Como esperado, a repercussão foi imediata e, nos meses seguintes, o debate foi alimentado pela publicação de vários textos nos jornais.[9]

Na indústria do cinema, contudo, as polêmicas contribuem para maior circulação do filme. *Xica da Silva* continuou a ser uma importante referência para o imaginário social da Chica associada à volúpia. Leitura essa reforçada 10 anos após o lançamento do filme, quando a extinta Rede de Televisão Manchete produziu a novela *Xica da Silva* – também grafada com "x" –, dirigida por Walter Avancini. À época, as novelas da Manchete afrontaram a toda poderosa Rede Globo em seu produto de exportação mais consolidado, em parte graças a exploração da sexualidade em suas tramas – no caso, a jovem atriz Thaís Araújo despontou ao interpretar a Chica, cuja referência imagética

---

[8]   Vartuck (1978).

[9]   Para o efervescente debate da "patrulha ideológica", sugere-se: Ferreira (2014, p. 287-300).

era Zezé Mota; que também participou da novela como mãe da protagonista. Embora a novela tenha contribuído para expandir e atingir outras gerações (anos depois, foi reexibida pelo Sistema Brasileiro de Televisão – SBT), não trouxe novos elementos para caracterização da Chica da Silva e sua história.

Por fim, sinaliza-se a contribuição historiográfica e alicerçada no levantamento e análise documental, representada pelo livro anteriormente citado da Júnia Furtado, que procura desmistificá-la para compreendê-la nas dimensões de mãe, da companheira, da ex-escravizada, da mulher rica e com relações de poder estabelecidas.

Realizada a breve contextualização do tempo histórico e as circularidades de narrativas relativas à *Xica da Silva,* passa-se a alguns aspectos do filme, com ênfase aos significados dos alimentos no desenvolvimento da trama. O foco estará em algumas passagens que acompanham momentos de ruptura na narrativa para outra etapa na trajetória da Chica e desenvolvimento do enredo fílmico.

Inicialmente, valendo-se do recurso da cartela, bastante utilizado em filmes com temática histórica e que consiste em informações textuais na tela, o espectador é situado espacial e temporalmente sobre a narrativa a ser contada: a região dos diamantes, meados do século XVIII. Logo os personagens assumem a função narrativa e atravessam o filme a fornecer informações para melhor compreensão histórica. Num descampado, com algumas pedras, um fidalgo, acompanhado de alguns homens negros escravizados, toca sua flauta em companhia de outros dois músicos. Encerrada a música, os diálogos discorrem sobre a extração e a corrupção local, até o momento em que o fidalgo se identifica como João Fernandes de Oliveira (Walmor Chagas), o novo Contratador, e informa que se dirige ao Tejuco para assumir suas funções. Entretanto, em novo corte de câmara, um grupo de negros quilombolas surge e interpela João Fernandes. Liderados por Teodoro (Marcus Vinícius) outro destacado personagem no filme, segue-se um diálogo didático sobre os modos de ocorrência e exploração das pedras. Apesar da tensão, predomina o respeito entre eles, mesmo quando o cavalo do Contratador é tomado para substituir a montaria de Teodoro, que havia quebrado a pata.

Após este preâmbulo didático, a câmera elevada acompanha a comitiva do Contratador, que segue montado em um jumento – um sarcasmo ao colocar a poderosa autoridade em uma montaria (pretensamente) inferior à sua condição social. A cena, somada aos diálogos anteriores, dá as pistas ao espectador do fino humor que se seguirá, em especial nas críticas políticas – valendo-se abertamente do passado para mirar a ditadura brasileira vivenciada naquele momento. O viés do riso se confirma no novo corte, quando a câmera passeia por um pátio interior de uma casa, circundado por varandas. Uma mulher negra debulha espigas de milho, espalhadas em grande quantidade no chão. O espectador, então, a reconhece como sendo a personagem-protagonista, Chica da Silva, posto que outro personagem central na trama, o jovem José Rolim[10] (Stepan Nercessian), brinca faceiramente com a mulher ao chamá-la cacofonicamente como se costuma fazer para atrair a atenção dos galináceos: "chicachicachicachicachica"; que lhe responde para deixá-la quieta.

Rolim caminha pela varanda, onde muitas réstias de alho e cebola estão dependuradas no guarda-corpo. Morde uma fruta e prossegue seu assédio, perseguindo-a pelo pátio. Ambos adentram ao porão, a câmera se detém no vão, sem nada mostrar, e deixa o espectador curioso para saber o que se passa lá dentro que gera tamanha gritaria e urros. Novamente na tela, eles se recompõem do sexo, enquanto Rolim, em outro diálogo didático, desta vez sobre a infame dinâmica do escravismo, demonstra seu afeto e desejo de comprá-la de seu pai e libertá-la.

Gritos chamam por Chica. No novo corte, a câmera passeia pelo interior da casa e o espectador assiste o diretor prosseguir com suas humilhações às autoridades ao apresentar o Sargento-Mor (Rodolfo Arena) de casaca e ceroulas, desesperado a procurar por suas calças. Além do militar, outros dois personagens centrais no filme são conhecidos do público: o Intendente dos Diamantes (Altair Lima), que deveria fiscalizar o contratador e sua conduta, porém se revelará inapto, corrupto e patético. E sua esposa, Dona Hortência (Elke Maravilha), antagônica e perseguidora implacável da Chica. O grupo se completa com a chegada de Rolim e da escravizada, que ajuda seu senhor a

---

[10] No filme, o jovem José Rolim é crítico a Portugal, mesmo sendo filho do Sargento-Mor. Em determinado momento da trama, ele deixa o Tejuco para residir em Ouro Preto, mas retorna fugido das autoridades coloniais, o que permite inferir sua participação no movimento sedicioso como o inconfidente Padre Rolim. Ele recebe a proteção de Chica, que usa seu prestígio para escondê-lo em um convento. Nesse movimento, o diretor mistura as temporalidades históricas, pois a perseguição aos inconfidentes ocorreu após 1789, após a ordem real para o retorno de João Fernandes, em 1771, portanto, quase duas décadas após. A imprecisão histórica, todavia, não interfere no sentido interpretativo da história proposto por Cacá Diegues, que é uma crítica à exploração das autoridades portuguesas sobre as riquezas de Minas Gerais e as formas de resistência dos seus habitantes, fosse no âmbito das elites, representando por Rolim, fosse pela ampla maioria de pessoas negras escravizadas, da qual Chica da Silva é a sua representação. Para o tema dos anacronismos que se impõe à narrativa fílmica sobre a História, sem necessariamente levá-la a graves equívocos de intepretação histórica, sugere-se: Rosenstone (2010).

encontrar as calças. Ansiosos pela chegada de João Fernandes, o tom didático segue a explicar as dinâmicas da extração dos diamantes e o enriquecimento de Portugal, ponto em que a conversa é tensionada pelas críticas de Rolim de que eram tolos os que estavam a celebrar a chegada de mais um representante real para explorar as riquezas da terra, restritas às mãos das elites políticas e do rei, restando aos moradores muitas obrigações e pobreza – para constrangimento do seu pai, autoridade militar, que pede ao Intendente relevar a fala do filho rebelde. Um pouco alheia à conversa dos brancos, Chica observa pela janela o Contratador adentrar às ruas em festa do Arraial do Tejuco.

Esse conjunto de sequências iniciais funciona como cartão de visita quanto ao tom do filme. Primeiramente, ressalta-se a ambiguidade da crítica política, pois ela se faz sobre o passado representado na tela, mas também permite compreendê-la ao tempo presente. A ponte temporal dos filmes com temática histórica, por onde transitam passado-presente, é acentuada em períodos de autoritarismo e ditadura, como se vivenciava na produção de *Xica da Silva*, pois é um artifício para driblar a censura. Cacá Diegues brinda o público com muitas passagens nesse sentido, em que predominam a ridicularização das autoridades coloniais, cuja jocosidade caricatural reforça as nuances de comédia da sua representação cinematográfica da história.

A fartura e excesso é o outro sentido a ser destacado a partir dos alimentos. Conforme citado, no pátio e varandas há milhos, alhos e cebolas em grande quantidade. No interior da casa, a variedade de alimentos também compõe o cenário. Novas réstias aparecem, junto a um cacho de banana verde a amadurecer. Muitos balaios no chão dão a entender haver outros produtos. Voltando-se a uma mesa, a câmera foca o Intendente arrancar um naco do pão e comer de bocado, sendo possível encontrar ramos de temperos e outros alimentos no móvel.

Todavia, as representações das elites coloniais em abundância, recorrente sobretudo no audiovisual, precisa ser lida com cuidado para não incorrer em generalização. Estudos como *Os Desclassificados do Ouro* (Souza, 2004) e *O continente rústico* (Menezes, 2000), sobre o abastecimento e produção de gêneros alimentares na capitania de Minas setecentistas demonstram suas complexidades. Apartada do mar e ligada a outros interiores por sinuosos caminhos que atravessam montanhas e rios, o abastecimento das Minas por vezes enfrentava crises e mereceu regulações das autoridades. De modo geral, a produção seguia as condições locais, por isso predominavam gêneros *in natura;* logo, também suscetíveis à pouca oferta devido às intempéries. Na região dos diamantes, o controle sobre a entrada e saída de mercadorias e a distância do porto encareciam ainda mais os alimentos e produtos. Assim, a quantidade e a variedade de produtos podiam até ser correntes na mais elevada elite diamantina, como focado no filme, entretanto, ressalta-se que havia carências, sobretudo entre a parcela pobre livre e às pessoas escravizadas. Se Diegues parece se afastar da maneira direta pela qual o Cinema Novo[11] representava/denunciava as desigualdades da sociedade brasileira, sua escolha pela alegoria da fartura reafirma sua proximidade com o compromisso dos cinemanovistas em estimular, através do filme, reflexões sobre as desigualdades sociais e econômicas, o racismo, a violência, as dificuldades do trabalhador, as estruturas de poder (novamente, a ponte temporal permite trazer a crítica para a década de 1970).

Os alimentos permitem, ainda, outra chave de leitura. Passados quase um terço do filme, o tom da sensualidade e a conotação sexual está consolidado. As sequências marcadas por esse teor, seja nos maliciosos diálogos das personagens ou em sugestões de coito – com a ressalva de que nunca se mostra a relação carnal, apenas se ouve gritos e gemidos –, geralmente estão acompanhadas pela presença de comida, compondo a cena ou sendo degustada com bastante sensualidade, em especial as muitas frutas suculentas que aparecem na tela. Na casa do Sargento-Mor, por exemplo, enquanto aguardava a chegada do novo contratador, Dona Hortência, que traja um vestido bordô, sentada num banco de madeira, tem um prato cheio de frutas vermelhas que degusta, descartando os caroços em uma tigela. A senhora comenta ao esposo, por ouvir dizer, que a esposa do Contratador estava muito doente e por isso ficou em Portugal. A malícia de sua fala é reforçada pela degustação das frutas vermelhas. Na sequência, indiferente à presença do cônjuge, ela se levanta em direção ao jovem Rolim, em pé à porta, onde um flerte entreolhares se estabelece. A associação entre alimentos e sexo também é sugerida quando o Intendente, após elogiar Chica como uma "boa peça", num duplo sentido em referência à objetificação do ser humano ao mercado de pessoas escravizadas, como pela sua beleza, passa a examiná-la na boca, os dentes, o dorso, aperta-lhe os seios e diz que era de pouca carne, mas que

---

[11] Participante ativo do movimento do Cinema Novo e sempre presente nos debates sobre os caminhos do cinema nacional, Cacá Diegues ressaltou, na citada entrevista ao Pola Vartuk, que ele não podia ser cobrado em se manter engessado à estética cinemanovista. Acrescentou, ainda, que afora a importância histórica e para a linguagem do cinema brasileiro, era importante se conectar a um cinema mais popular e de fácil compreensão pelo público.

podia servir para alguma coisa; ao olhar sarcástico de Rolim, explica-se de pronto: "ama-seca, por exemplo".

Um segundo movimento no qual os alimentos podem ser percebidos na condução da trama se volta à mudança no papel social da Chica, que passa a gravitar no círculo das pessoas brancas como companheira de João Fernandes. Deitada com os seios à mostra, Chica brinca com um "santo do pau oco", objeto que na memória popular era usado para esconder diamantes e ouro, e diz a João Fernandes: é o santo dos garimpeiros. Em seguida morde uma manga que estava à mesa de apoio à cama, onde se pode ver casta de outra fruta chupada. Sentado à outra mesa de apoio, onde há um livro e outras mangas, o Contratador veste um roupão e admira sua amante. Chica pede para vê-lo novamente nu. Inicialmente resistente, alegando que estava exausto, João Fernandes abre o roupão. Inicia uma música na flauta, fala depreciativamente sobre sua esposa e se deita na cama, onde recomeçam a se acariciar. A câmera deixa o dormitório e apresenta as pessoas escravizadas da casa, todas curiosas com o que ouvem do quarto. Nessa sequência, embora a relação sexual com os proprietários brancos já havia sido posta como recorrente em sua vida, deitada na cama e assumindo a condução do diálogo, a personagem ganha outra dimensão. Novamente, a mordida sensual na fruta funciona como ponto inicial da representação.

Na sequência seguinte, sua nova posição se consolida. Enquanto duas mulheres escravizadas comentam que fazer tanto sexo devia fazer até mal, o casal deixa o quarto. Chica veste um vestido e sapatos brancos, que João Fernandes mandara trazer (o espectador lembrará, no início do filme, que ela havia pedido ao Rolim, como presente, algo similar). Eles chegam a uma sala, composta por uma mesa comprida, ao que o Contratador indica para ela se sentar na cabeceira próxima, enquanto ele se dirige à oposta. As escravizadas estão surpresas e, para demonstrar o contragosto em ter que servir outra pessoa escravizada, a mais jovem derruba propositalmente a sopa no alvíssimo vestido; cinicamente ela ri enquanto busca o pano e um jarro d'água para que Chica se limpasse. Entretanto, aos gritos, Chica ordena que ela é quem deveria limpar a sujeira e a esbofeteia até arrancar-lhe o lenço com o qual cobria a cabeça, devolvendo-lhe bruscamente os objetos para a limpeza. O Contratador assiste perplexo, sem esboçar reação, a não ser um sutil sorriso sarcástico ao ver Chica em pé, esticando seu vestido para que a escrava, chorosa, a limpasse. A música de Jorge Ben entra em alto volume e a cena se concretiza com uma Chica altiva, se colocando como uma senhora, infligindo castigos e ordens autoritárias às pessoas escravizadas, embora ela também fosse cativa.

Para contextualizar a próxima sequência a ser analisada, como fechamento do arco da nova posição social da Chica, convém mencionar a antecedente. Um novo cenário é apresentado: o Mercado dos Tropeiros, onde um intenso comércio de produtos alimentícios, com destaque para grãos, frutas, bolos e pães e quitandas, queijos, mel, além de pessoas que bebem a cachaça da terra. Esta sequência é importante para o personagem Rolim, pois ele está de partida para Vila Rica do Ouro Preto, à contragosto do seu pai que dizia saber que o motivo da viagem era se meter com política. Em seguida, Rolim conversa com um comerciante que levava caixas encomendadas pelo Contratador. Ao abrir os baús, muitas peças de tecidos coloridos são efusivamente lançadas ao ar, entre graças feitas à Chica como vencedora e merecedora de tanto adorno que lhe chegava várias partes do mundo. O diretor, portanto, reforça sua crítica desigualdade, pois só a elite era capaz de pagar o preço e fazer chegar no distante Tejuco mercadorias de luxo.

A nova sequência se passa na sala de refeição da casa do Contratador. A mesa está fartamente composta: frutas como laranja, pera, abacate, além de belos pães. João Fernandes, à cabeceira, está acompanhado do Padre, do Intendente e sua esposa, mais o Sargento-Mora, além de algumas negras escravizadas postadas para servir a mesa branca. Instigado pela esposa, o Intendente tenta alertar o Contratador que havia boatos de que as notícias do Tejuco levariam o rei intervir por meio do governador. Nesse momento, acompanhada de um séquito de mulheres e homens escravizados, Chica entra com enorme alegria e algazarra na sala, beijando seu companheiro em agradecimento aos presentes que acabara de receber e os exibia. Dona Hortência provoca um constrangimento ao perguntar sobre a esposa de João Fernandes.

Seguem-se alfinetadas entre as antagonistas, até o momento em que o escravizado Cabeça sussurra a João Fernandes, que se dirige à varanda sobre um pátio interno. No térreo, Teodoro, o quilombola que lhe tomou o cavalo – e depois devolveu –, lhe propôs comprar a escravizada Celeste, porque ela estava grávida dele. Chica observou a conversa e se emocionou com a atitude do líder negro em se arriscar para comprar a liberdade de sua amada. Imediatamente, ela também cobra sua alforria como demonstração de amor. João Fernandes não resiste às investidas e promete o documento de libertação. Em agradecimento, ela o seduz ali mesmo, na varanda, e se entregam a um amor nada discreto, a constranger os convidados na sala de jantar e deixar eufórico seu séquito de mucamas e pajens. O padre é a única personagem alheia a tudo, concentrado em continuar a comer, lambuzando-se com uma manga.

150

Mais uma vez o diretor coloca didaticamente elementos da história brasileira em projeção no filme: o tema da escravidão-liberdade; no caso, a concessão ocorria por laços de afetividade. O conjunto dessas sequências marcam a nova posição social da Chica da Silva, de escravizada a alforriada, a gozar sua liberdade em moldes semelhantes ao da sociedade branca abastada, quer dizer, a esbanjar riquezas e ser cruel ao tratar as pessoas escravizadas. O jantar que ambienta a conquista da alforria da protagonista traz outra perspectiva para nossa análise: o papel da mesa e da comida como espaço de sociabilidade, em especial política. A partir deste ponto do filme, a mesa será o espaço também das tensões que indicam o frágil equilíbrio no exercício do poder e manutenção da (des)ordem social.

O terceiro movimento analítico proposto relativo à alimentação e seu o papel no filme pode ser englobado em duas longas sequências, ambas em torno de banquetes, o primeiro servido à mesa, o outro, ao chão. O primeiro é o almoço de recepção ao Conde de Valadares (José Wilker), que vai ao Tejuco investigar denúncias de má conduta do João Fernandes na administração do contrato, além dos escândalos em sua relação com Chica. Esta estava ciente de que se tratava de um encontro importante, por isso vai à cozinha supervisionar os preparativos, instigando as cozinheiras escravizadas a capricharem nos pratos porque eles receberiam alguém muito nobre. Tal qual no Mercado, a cozinha permite ao espectador se maravilhar com a profusão de alimentos expostos, com destaque para muitas carnes e linguiças dependuradas, além dos modos de cozinhar no fogão à lenha, nos preparos dos pratos, dos utensílios e panelas.

Depois de elogiar o frango ao molho pardo, no entanto, Chica é tomada de ira por sua desavença com dona Hortência ao ver um cabrito para ser assado, um pedido da sua rival. Às gargalhadas, ela lança generosos punhados de sal, muita pimenta e cusparadas sobre o animal. Quando foi advertida pela cozinheira de que o Conde também comeria do cabrito, a ardilosa Chica reponde que lhe serviria a galinha.

A interação que se segue entre os personagens, porém, vai alterar sua conduta. Apesar da receptividade, ao encontrar as autoridades do Tejuco e o Governador, que passeiam no jardim da sua chácara, Chica foi duramente humilhada pelo Conde, que ria do que considerava exótica e inusitada a relação dela com o Contratador, sempre reforçando a sua negritude. Constrangido e acuado por não poder desafiar o homem que estava ali para investigá-lo, o Contratador se limita a ouvir o sarcasmo do Conde e ver o deleite da dona Hortência.

O desdobramento da sequência traz elementos que reforçam a opção do diretor em caricaturar a elite entre excessos, bem como instigam a reflexão da mesa como espaço de sociabilidade aqui proposta. Como de costume, há fartura na comprida mesa, com uma toalha sobre a qual estão baixelas e bules de prata, entre louças, copos e jarros de vinho, iluminados por dois candelabros. As autoridades do Tejuco estão à mesa, enquanto o convidado ressalta que havia muita riqueza na casa do Contratador e que só um objeto daqueles poderia lhe aliviar algumas dívidas. Chica se integra ao grupo depois que todos já haviam sentado, e provoca surpresa por estar com o rosto pintado de branco, como ironia às humilhações racistas cometidas pelo Governador. O Contratador percebe que havia algo de diferente com o jantar quando sua companheira disse que estava de dieta. E impediu o Governador de se servir da galinha por alegar que era ao molho pardo, sendo este o prato de João Fernandes. No restante do jantar, Chica troca olhares cúmplices com seu amado, enquanto vê com deboche desafiador o Governador e demais convivas degustarem, entre caretas e largos goles de bebidas, do banquete sabotado por ela momentos antes. A saída cômica do diretor para encerrar a cena está mais uma vez no padre, pois é o único a se refestelar e elogiar como sendo um cabrito que ele nunca havia comido igual. Mas, também, é uma crítica à Igreja que historicamente busca equilibrar sua cartilha de justiça divina com os interesses dos dominantes, no caso, o padre fazia vista grossa aos pecados e desmandos vivenciados no Tejuco, desde que ele continuasse a se fartar do privilégio de se sentar com os poderosos e a degustar dos seus banquetes.

Ressalva-se que a composição desta cena, assim como em outros planos, Dieges explicita a reapropriação da iconografia: "muitas cenas são cópias fiéis dessas reproduções", afirmou em entrevista.[12] No caso, se trata da gravura de Jean Baptiste Debret conhecida como *Jantar brasileiro* (1827), com duas diferenças: a) na falta de convidados, pois o pintor francês se concentra no casal, sentados às cabeceiras, nas pessoas escravizadas e em algumas crianças negras brincando no chão; b) a inversão de papéis do casal, pois no filme é o Contratador quem dá uma coxa de galinha a uma das crianças. A apropriação de elementos iconográficos é um procedimento recorrente na produção audiovisual, em especial histórica, para ambientar os costumes e o cotidiano da época representada no filme. Em grande medida, funciona como imagens canônicas que reforçam estereótipos de representações circulantes, mas

---

[12] Silva, 1976, p. 24.

também podem transformá-las, sobretudo em linguagens artísticas como o audiovisual ou carnaval.

Quanto ao espaço da mesa, é interessante em *Xica da Silva* a variável da sociabilidade política, porque Cacá Diegues está sempre a problematizar a tênue linha entre o público e o privado. A propósito do exercício de poder em Portugal Ultramarino, cita-se o historiador luso António Manuel Hespanha, para quem as relações se estruturavam a partir de *redes clientelares,* compreendidas como múltiplas teias políticas e econômicas:

> Era frequente que o prestígio político de uma pessoa estivesse estreitamente ligado à sua capacidade de dispensar benefícios, bem como à sua fiabilidade no modo de retribuição dos benefícios recebidos. [...] O que provocava um contínuo reforço econômico e afectivo dos laços que uniam, no início, os atores, numa crescente espiral de poder, subordinada a uma estratégia de ganhos simbólicos, que se estruturava sobre os actos de gratidão e serviços. [...] As relações assimétricas de amizade (relações de poder) teriam tendência para derivar em relações do tipo clientelar que, apesar de serem informais, apareciam, pela obrigatoriedade da reciprocidade acrescentada (impossível de elidir), como o meio mais eficaz para concretizar não só intenções políticas individuais, como para estruturar alianças políticas socialmente mais alargadas e com objetivos mais duráveis (Hespanha, 1993, v. 4, p. 382).

Sob essa perspectiva, o momento pós-jantar também é ilustrativo. Em seus aposentos, onde padece do indigesto cardápio, o Conde de Valadares é presenteado com um bule de prata. Enquanto recupera o fôlego entre seus vômitos, comenta que sua estadia naquelas terras exóticas poderia valer a pena. Retomando as reflexões de Hespanha sobre as redes clientelares, o autor indica que muitas vezes os benefícios eram concedidos pelo elo inferior – neste caso, não necessariamente econômico, posto que a fortuna do Contratador era uma das maiores do reino, mas simbólica, haja vista que o Governador estava no distrito diamantino como enviado do rei para averiguar descaminhos da administração.

A última sequência deste movimento para pensar a sociabilidade política em torno da alimentação, abre uma janela ao tom debochado e sexualizado para trazer uma Chica politizada, já que ela percebe a gravidade da situação do contratador e decide agir. Sua solução foi propor uma aliança ao quilombola Teodoro, garantindo-lhe maior liberdade de ação em troca da organização de uma força de homens para a lutar a favor do Contratador. Nessa sequência em que o espectador é surpreendido por uma Chica "menos Diegues", "mais

Meireles", a protagonista percorre sozinha trilhas que levam ao quilombo. Além de desacompanhada do seu séquito de mucamas, o que lhe conferia prestígio à la elite branca, chama atenção o vestuário da personagem, que traja uma vestimenta pesada, escura e que lhe cobria todo o corpo; bem distinta das cores vivas que compõem a maior parte do seu figurino. Apesar do seu esforço, o Contratador desaprovou sua iniciativa e, ciente do paradeiro do fora da lei, mandou prender Teodoro como demonstração de lealdade à Coroa.

A ação, entretanto, não teve o efeito desejado pois, mesmo sob tortura, o governador não extraiu nenhuma informação do quilombola. Para piorar, as ponderações do Contratador a favor de seu "ex-aliado" clandestino soaram mal e acentuaram as desconfianças sobre a má administração dos negócios diamantinos. Chica, então, decide fazer uma última tentativa para reverter a situação do companheiro. Fragilizado, João Fernandes não se opôs. Resignado, pois sabia que sua amada seria o "prato principal", controla os ciúmes e convida o Governador para um jantar especial com sua amada. Traumatizado com sua última experiência, o Conde condicionou sua participação desde que não houvesse cabrito no cardápio.

Chica apostou que ao se entregar ao Governador significava que o Contratador lhe concedia algo que mais estimava: a sua mulher. Em troca, especulava, o representante real relevaria suas faltas administrativa diante do valoroso suborno. O Governador se acomoda entre as almofadas na sala da chácara da Chica para o banquete africano. Negras escravizadas entram com gamelas e as dispõem em torno da autoridade. Tal qual ocorreu na cozinha do jantar de boas-vindas, o espectador entra em contato com uma profusão de gêneros alimentícios: caldos, pães, doces, feijão, pimenta, frutas tropicais.

Atônito, o Conde sorve goles de cachaça e lança bocados de alimentos à boca, se lambuza enquanto músicos negros tocam tambores para a dança das mucamas, como um abre-alas para a rainha negra do Tejuco. A música sobe em altura e o Contratador deixa o espaço assim que Chica entra radiante, com o corpo nu, à exceção de uma tanga fio-dental. As mucamas desnudam os seios para acompanhar a sinhá na efusiva e sensual coreografia. O Conde, que havia considerado o banquete africano como pitoresco, se entrega de forma cada vez mais grotesca. Retomando o viés da comédia, o Governador passa, então, a imitar galinha cacarejando, alternada de burro zurrando. Balança os braços descontroladamente, come tudo que lhe está ao alcance, se emporcalha e a bebida escorre pela boca.

Em um misto de animalesco com bufônico, Governador perde a compostura e está a babar pela negra que tanto desdenhava. Chica sorri, certa de que seu plano caminhava bem, e se entrega aos abraços com o Conde, rolando naquele leito de frutas e iguarias que insinuam uma noite de sexo sem limites. A sequência reforça a crítica ao filme pela elevada sexualização a partir da objetificação da mulher preta e reforço ao estereótipo racista de representá-la como fetiche exótico; entretanto, deve-se reconhecer os méritos da Zezé Mota e do José Wilker pela inigualável interpretação, inscrevendo a cena na história da cinematografia nacional.

Contudo, o intuito de Chica não logrou sucesso. Ao se levantar, ela percebe que o Conde já havia partido. Pior: a câmera mostra o arraial do Tejuco se despedindo do Governador, que regressava à Vila Rica de Ouro Preto e levava consigo João Fernandes sob tutela para prestar esclarecimentos sobre seus abusos. Afoita, novamente trajando roupas escuras, Chica chega a tempo da partida da comitiva. Desesperada, é dissuadida pelo Contratador de fazer qualquer movimento de resistência que pudesse colocá-la em risco, assim como ao seu escravo Cabeça. Imediatamente, o povo do Tejuco inicia xingamentos e perseguição à ex-escravizada, que corre pelas ruas até buscar refúgio no mesmo convento onde ela havia escondido seu amigo Rolim. A sequência do banquete africano, portanto, embora apoteótica, constrói o anticlímax. Em alguma medida, além da perspectiva política em torno dos alimentos, este conjunto permite a leitura da reação conservadora, reestabelecendo a ordem social da elite branca colonial, deslocando Chica do local de prestígio e poder que uma negra, ex-escravizada, ousou ocupar em afronta a sociedade escravocrata.

Conforme apresentado, a alimentação e os gêneros alimentícios ocupam papel marcante em *Xica da Silva*. Sempre representados como ostentação, sua beleza, suas cores, a suculência, facilmente provoca no espectador a sensação de experiência dos cheiros e sabores. As comilanças são vistas em degustações individuais de frutas e quitandas, ou em ocasiões de banquetes.

Além de compor as cenas, por vezes como demonstração das comidas da região, pode-se ler sua mobilização nas filmagens como alguns marcos. O primeiro diz respeito à representação da ostentação das elites coloniais que, conforme comentado, funciona como fundo para o diretor tecer críticas tanto ao período abordado quanto às desigualdades do tempo presente (ditadura militar, iniciada em 1964). Como segunda marca, tem-se a associação da alimentação à sensualidade imprimida à narrativa. Degustar poupudas, suculentas e coloridas frutas, quase sempre indica uma situação de elevada sedução e sexualidade. Por fim, se propõe a leitura dos alimentos em um tripé cujos vértices não são excludentes: 1º) a parte inicial do filme, quando o espectador é contextualizado do período histórico e apresentado aos personagens; 2º) o conjunto de sequências que sinaliza o crescimento da personagem-tema e a tensão que seu protagonismo proporciona na sociedade e; 3º) a dimensão da sociabilidade política à mesa e os jogos políticos no terceiro conjunto de sequências de banquetes.

A ressalva feita aos cuidados com o uso da iconografia para se reportar a um período histórico, haja vista se tratar de um documento carregado de intenções, muitas vezes teleológico ao tempo a que se refere, se estende às representações de alimentos no filme. Contudo, ressalta-se, não significa invalidar as leituras do passado por outras lentes. Se, por um lado, os alimentos apresentados em *Xica da Silva* (ou outro filme sobre o passado) não condizem com registros históricos no tempo-espaço, eles devem ser sinalizados. Por outro lado, é preciso compreender as tentativas de criar a ambientação necessária para a narrativa fílmica da história. Com frequência, a imprecisão na recomposição do passado, em variados formatos e linguagens (filme, pintura, fotografia, literatura, música etc.), não diminui seu interesse para a reflexão.

Por certo, essa compreensão não implica em salvo conduto a diretores ou outros criadores artísticos para interpretações equivocadas e geradoras de incorreções interpretativas da História, especialmente aquelas que reforçam estereótipos negativos e discriminatórios sobre grupos sociais – algo exemplificado por críticas ao *Xica* no seu imediato lançamento. Os filmes são um importante veículo de circularidade do conhecimento histórico, com notório impacto na consolidação e revisão de interpretações, contribuindo para a elaboração do conhecimento histórico e de imaginários sociais. Assim, deve ser lido com cuidado, especialmente porque a sétima arte chega à escola, provavelmente o espaço de maior impacto para a elaboração do entendimento histórico da sociedade. Por isso, quando usado com intuito pedagógico, é essencial problematizá-lo, sem, contudo, incorrer na incompreensão de que o filme é, antes de tudo, um filme; não uma tese acadêmica – também suscetível às críticas.

Chica da Silva ocupa um lugar de destaque no imaginário social popular de que é possível resistir às opressões e galgar posições sociais de prestígio. Em especial para a memória das pessoas negras, sua história, contada, recontada e reapropriada em diversas épocas e por diversos suportes de expressão, é uma história de valorização das pessoas pretas que padeceram da infame escravização humana; ainda que configure exceção na história do escravismo. E, trasladando para o tempo presente, ainda deixa sua perversa herança que pode ser facilmente reconhecida pelo racismo estrutural e pela desigualdade econômica que se impõe, sobremaneira, aos descendentes em várias gerações das vítimas da escravização. A esse propósito, vale recordar que Cacá Diegues não intencionava fazer um filme para discutir a "crônica histórica do país", embora estivesse consciente de que poderia estimular novos olhares sobre o conhecimento histórico.[13] Em grande medida, as reflexões para uma leitura do filme enfocando os alimentos na trama fílmica reiteram as provocações que continuam a ecoar quase meio século depois do lançamento de *Xica da Silva*.

Referências

FERREIRA, Rodrigo de Almeida. *Cinema, história pública e educação: circularidade do conhecimento histórico em Xica da Silva (1976) e Chico Rei (1985)*. 2014. 401 f. Tese (Doutorado em Educação) – Programa de Pós-Graduação em Educação, Faculdade de Educação, Universidade Federal de Minas Gerais, Belo Horizonte, 2014. Disponível em: https://repositorio.ufmg.br/handle/1843/BUBD-9HMFUB. Acesso em: 07 dez. 2023.

FERREIRA, Rodrigo de Almeida. *O descaminho de diamantes: relações de poder e sociabilidade na Demarcação Diamantina no período dos contratos (1740-1771)*. Belo Horizonte: Fumarc; São Paulo: Letra e Voz, 2009.

FIGUEIREDO, Luciano. *Barrocas famílias: vida familiar em Minas Gerais no século XVIII*. São Paulo: Hucitec, 1997.

FREYRE, Gilberto. *Casa grande e senzala*. 51. ed. São Paulo: Global, 2006.

FURTADO, Júnia Ferreira. *Chica da Silva e o contratador dos diamantes: o outro lado do mito*. São Paulo: Cia. das Letras, 2003.

FURTADO, Júnia Ferreira. *O Livro da Capa Verde: o regimento diamantino de 1771 e a vida no Distrito Diamantino no período da Real Extração*. São Paulo: Annablume, 1996.

HESPANHA, António (Coord.). *História de Portugal: o Antigo Regime*. Lisboa: Estampa, 1993. v. 4.

---

[13] "O que sabemos da Xica da Silva, além das raras fontes eruditas, nos foi transmitido pela imaginação popular através da tradição oral ou pelos romances, peças de teatro, poemas e sambas. Tanto melhor. Não é intenção do filme discutir a crônica histórica do país, se bem que possamos colaborar com ela. Pretendemos apenas acender uma luz nova sobre um importante personagem mítico brasileiro e, através dele, fazer o elogio poético da liberdade, da imaginação criadora e da sensualidade de um povo – o nosso." Entrevista de Cacá Diegues; ver: Silva (1975, p. 21).

MEIRELES, Cecília. *Romanceiro da Inconfidência*. Rio de Janeiro: Letras e Artes, 1965.

MENESES, José Newton Coelho. *O continente rústico: abastecimento alimentar nas Minas Gerais setecentistas*. Diamantina: Maria Fumaça, 2000.

ROSENSTONE, Robert A. *A história nos filmes: os filmes na História*. São Paulo: Paz e Terra, 2010.

SANTOS, Joaquim Felício dos. *Memórias do Distrito Diamantino da Comarca do Serro Frio*. 6. ed. Belo Horizonte: Itatiaia, 1976.

SILVA, Alberto. A fantástica Xica da Silva. *Crítica*, 9-15, jun. 1975.

SILVA, Fernando José Dias da. Xica da Silva e do Sucesso. *Jornal da Tarde*, p. 24, 24 set. 1976.

SOUZA, Laura de Mello e. *Desclassificados do ouro: a pobreza mineira no século XVIII*. 4. ed. São Paulo: Graal, 2004.

VARTUCK, Pola. Cacá Diegues contra a censura das patrulhas ideológicas. *O Estado de São Paulo*, São Paulo, p. 16-31, 31 ago. 1978.

VASCONCELOS, Agripa. *Chica que manda*. Belo Horizonte: Itatiaia, 1966.

10

A grande fome em *A hora da estrela*

Susana Souto

> *Não, não tenho pena dos que morrem de fome.*
> *A ira é o que me toma. E acho certo roubar pra comer.*
> (Clarice Lispector, *A descoberta do mundo*)

> *Ó, Josué, eu nunca vi tamanha desgraça*
> *Quanto mais miséria tem, mais urubu ameaça.*
> (Chico Science)

Coube a mim, ironicamente, fazer a sobremesa deste livro banquete sobre um tema nada doce: a fome. Tratar da fome no momento de saborear aquilo que se come por puro luxo, ou prazer, é voltar ao começo e dizer que não, não podemos estar saciados, pois ainda temos esse problema gravíssimo a enfrentar, que se inscreve numa cadeia longa de ações necessárias para garantir o direito à vida, neste país, neste planeta, como nos diz Clarice em crônica de setembro de 1967, no *Jornal do Brasil*:

> Daqui a vinte e cinco anos
> Perguntaram-me uma vez se eu saberia calcular o Brasil daqui a vinte e cinco anos. Nem daqui a vinte e cinco minutos, quanto mais vinte e cinco anos. Mas a impressão-desejo é a de que num futuro não muito remoto talvez compreendamos que os movimentos caóticos atuais já eram os primeiros passos afinando-se e orquestrando-se para uma situação económica mais digna de um homem, de uma mulher, de uma criança. [...] Mas se não sei prever, posso pelo menos desejar. Posso intensamente desejar que o problema mais urgente se resolva: o da fome. Muitíssimo mais depressa, porém, do que em vinte e cinco anos, porque não há mais tempo de esperar: milhares de homens, mulheres

e crianças são verdadeiros moribundos ambulantes que tecnicamente deviam estar internados em hospitais para subnutridos. Tal é a miséria, que se justificaria ser decretado estado de prontidão, como diante de calamidade pública. Só que é pior: a fome é a nossa endemia, já está fazendo parte orgânica do corpo e da alma. E, na maioria das vezes, quando se descrevem as características físicas, morais e mentais de um brasileiro, não se nota que na verdade se estão descrevendo os sintomas físicos, morais e mentais da fome. Os líderes que tiverem como meta a solução econômica do problema da comida serão tão abençoados por nós como, em comparação, o mundo abençoará os que descobrirem a cura do câncer (Lispector, 1999, p. 33).

Estamos há 56 anos da publicação dessa crônica e infelizmente, enquanto escrevo este texto, há no Brasil 21 milhões de pessoas passando fome e 70 milhões em insegurança alimentar.[1] A fome é central ainda hoje na vida de uma enorme parcela da população brasileira e também na configuração de Macabéa, criada por Clarice e recriada por Suzana Amaral, uma das personagens mais desconcertantes e memoráveis das nossas artes.

Publicado no ano da morte de sua autora, 1977, A hora da estrela é um livro singular na obra clariceana, e será mote, em 1985, para o primeiro longa-metragem dirigido por Suzana Amaral, numa estreia muito feliz que reúne atores extraordinários, como José Dummond, Fernanda Montenegro e Marcélia Cartaxo, atriz que está estreando no cinema, uma paraibana de 19 anos à época, mesma idade de Macabéa.

Temos fins e inícios atando-se aqui.

O título escolhido pra este texto foi recortado do trecho: "Esqueci de dizer que às vezes a datilógrafa tinha enjoo para comer. Isso vinha desde pequena quando soubera que havia comido gato frito. Assustou-se para sempre. Perdeu o apetite, só tinha a grande fome" (Lispector, 1995, p. 55). A grande fome aqui é entendida não no sentido que tem na história, em que há uma grande fome na Europa, na Idade Média, mas no sentido de uma fome que atinge milhões de pessoas, não só Macabéa, que seria mais uma

---

[1] "A edição de 2023 do relatório [O Estado da Segurança Alimentar e Nutrição no Mundo (SOFI), publicado hoje em conjunto por cinco agências especializadas das Nações Unidas] revela que entre 691 e 783 milhões de pessoas passaram fome em 2022, com uma média de 735 milhões. Isso representa um aumento de 122 milhões de pessoas em relação a 2019, antes da pandemia de Covid-19." Disponível em: https://bit.ly/4anNzXj. Acesso: 8 nov. 2023.

espécie de metonímia, no que se refere à fome, de uma parcela imensa da população brasileira.

Ao longo de toda a sua carreira, Amaral continuará entrelaçando cinema e literatura: em 2001, faz *Uma vida em segredo*, 2001, a partir do livro de Autran Dourado; em 2009, traduz por cinema *Hotel Atlântico*, de João Gilberto Noll, e em 2018, oferece ao público sua leitura de *O caso Morel*, de Rubem Fonseca. Mas esses são ingredientes para outros pratos.

Vamos, então, a essa sobremesa um tanto amarga.

Suzana Amaral, leitora de Rodrigo S.M.

Em uma entrevista,[2] Suzana Amaral conta que estava fazendo um curso de cinema em Nova Iorque e o seu professor de roteiro mandou a turma escolher um romance, sendo muito categórico quanto ao tamanho do livro: curto. Ela, então, foi até uma biblioteca e passou o dedo na lombada de uma fileira de romances brasileiros, parando no mais fino. Este mais fino era o último livro de Lispector, a partir do qual ela fez o roteiro, em parceria com Alfredo Oroz.

Na capa do livro, figura apenas *A hora da estrela*, mas após a "Dedicatória do autor (Na verdade Clarice Lispector)", aparecem mais doze títulos: *A culpa é minha* ou *A Hora da Estrela* ou *Ela que se arranje* ou *O direito ao grito* ou *Quanto ao futuro* ou *Lamento de um blue* ou *Ela não sabe gritar* ou *Uma sensação de perda* ou *Assovio ao vento escuro* ou *Eu não posso fazer nada* ou *Registro dos fatos antecedentes* ou *História lacrimogênica de cordel* ou *Saída discreta pela porta dos fundos* (Lispector, 1995, p. 10).

Essa profusão de títulos indica a existência de múltiplas narrativas que se encaixam nesse livro em que temos a ficcionalização da autoria na personagem Rodrigo S.M., pertencente à classe média, o que está relacionado à comida, como ele mesmo (a)nota, "sou um homem que tem mais dinheiro do que os que passam fome, o que faz de mim de algum modo um desonesto" (Lispector, 1995, p. 33), que se vê diante da tarefa difícil de escrever sobre matéria tão distinta da sua própria vida: "A classe alta me tem como um monstro esquisito, a média com desconfiança de que eu possa desequilibrá-la, a classe baixa nunca vem a mim" (Lispector, 1995, p. 33). Ou ainda, em outra passagem metanarrativa tão ao gosto da

---

[2] Disponível em: https://bit.ly/3tpLolg. Acesso em: 22 set. 2023.

prosa clariceana: "Mas por que estou me sentindo culpado? E procurando aliviar-me do peso de nada ter feito de concreto em benefício da moça" (Lispector, 1995, p. 38). Rodrigo enfrenta o dilema ético de que tratar da miséria brasileira em sua obra, de algum modo, é também se beneficiar da existência da miséria, como destaca Nádia Battella Gotlib, um nome central na fortuna crítica de Clarice:

> O romance focaliza, então, numa última instância, o poder do escritor, ou do intelectual, que se "ocupa" do pobre, traduzindo-lhe os sonhos, mas não lhe sendo possível concretizar tais sonhos na prática. Ou seja, *o romance questiona e desmistifica o poder do intelectual* que, tanto por pieguice humilde quanto por ávida prepotência competente, *se alimenta* do seu objeto de estudo, sem conseguir que este se torne sujeito de sua história (Gotlib, 1995, p. 470, grifos meus).

Mas Suzana Amaral não é propriamente uma leitora do romance de Clarice. Ao fazer seu roteiro, ela é, digamos, leitora do livro que Rodrigo S.M., que, aliás, não figura no filme. Ela leva para a tela não o livro "de Clarice" e suas histórias encaixadas, mas sim o livro "escrito" por Rodrigo, e nos convida a acompanhar alguns meses do cotidiano de uma sertaneja miserável de Alagoas, suas "[...] fracas aventuras [...] numa cidade toda feita contra ela" (1995, p. 35), um grande centro urbano brasileiro para o qual muitos nordestinos migraram e migram em busca de condições de sobrevivência.[3] Essa metrópole "toda feita contra ela" é mudada, no filme, do Rio de Janeiro de Clarice para a São Paulo de Suzana Amaral, mas isso não importa, pois, como diz a canção dos Titãs, que "miséria é miséria em qualquer parte".

Talvez, em busca de um livro fino para o seu primeiro roteiro, Suzana Amaral tenha escolhido um ainda mais curto: o romance de Rodrigo S.M., em que a narrativa se confronta com a fome, "flagelo fabricado pelos homens, contra outros homens", na definição lapidar de Josué de Castro.[4]

Dize-me o que (não) comes e eu te direis quem és

---

[3] O tema da migração já foi amplamente analisado. Ver: Araújo (2019).

[4] Entendida aqui a fome não como desconforto momentâneo que será satisfeita, mas como problema social, derivado da profunda desigualdade brasileira, quadro em que, no caso dessa narrativa, estão também inseridos, em especial, as personagens Macabéa, Olímpico de Jesus e as Marias.

Em crônicas, romances e contos, Clarice fala muito de comida. Em *Laços de família* está presente em "Devaneio e embriaguez de uma rapariga"; "A menor mulher do mundo"; "Uma galinha"; "Feliz aniversário"; "O jantar". Em *A legião estrangeira*, temos o antológico "A repartição dos pães". Não se trata aqui de fazer uma lista exaustiva dos alimentos na obra clariceana, mas quero lembrar que *A descoberta do mundo*, começa (ainda que o volume não tenha sido organizado por ela) com o doloroso "As crianças chatas":

> Não posso. Não posso pensar na cena que visualizei e que é real. O filho que está de noite com dor de *fome* e diz para a mãe: estou com *fome*, mamãe. Ela responde com doçura: dorme. Ele diz: mas estou com *fome*. Ela insiste: durma. Ele diz: não posso, estou com *fome*. Ela repete exasperada: durma. Ele insiste. Ela grita com dor: durma, seu chato! Os dois ficam em silêncio no escuro, imóveis. Será que ele está dormindo? – pensa ela toda acordada. E ele está amedrontado demais para se queixar. Na noite negra os dois estão despertos. Até que, de dor e cansaço, ambos cochilam, no ninho da resignação. E eu não aguento a resignação. Ah, como devoro com *fome* e prazer a revolta (Lispector, 1996, p. 20, grifos meus).

Essa revolta talvez tenha levado a autora de *Perto do coração selvagem* a compor Macabéa, uma espécie de Severina, que sai do sertão para a cidade grande, primeiro Maceió, depois Rio de Janeiro.

Tanto no livro quanto no filme *A hora da estrela*, a comida é um recurso importante de composição das personagens. No início do livro, o acesso à comida é usado como critério de classificação do público, algo bastante inusitado na literatura brasileira: "(Se o leitor possui alguma riqueza e vida bem acomodada, sairá de si para ver como é às vezes o outro. Se é pobre, não estará me lendo porque ler-me é supérfluo para quem tem uma leve fome permanente [...])" (Lispector, 1995, p. 46).

E também no início do filme, há uma sequência muito dura, em que a miséria é evocada. Macabéa, que divide um quarto de pensão com outras mulheres igualmente pobres chamadas Maria, acorda no meio da noite, senta-se em um urinol e, logo em seguida, ainda sentada, pega uma coxa de frango que está em uma embalagem de alumínio e come-a, enquanto faz uma necessidade básica, nesse quarto muito similar a uma cela de prisão brasileira, em que há também uma cozinha improvisada, com um fogão de duas bocas.

Figura 1: Filme *A hora da estrela*, de Suzana Amaral.

Polos opostos se encontram. O baixo material e a boca. Enquanto urina, Macabéa também come uma comida feia, fria, que não estava guardada em um lugar adequado, numa releitura de um trecho doloroso do livro: "Às vezes, antes de dormir sentia fome e ficava meio alucinada pensando em coxa de vaca. O remédio era mastigar papel bem mastigadinho e engolir" (Lispector, 1995, p. 47). Muito poderia ser dito sobre esse *papel que se mastiga* na ausência de comida, mais ainda em um romance tão marcado pela reflexão metanarrativa. Mas isso ficará para um outro texto.

Há tanta coisa em cena aqui: a fome noturna, a comida fria e feia, a ausência de uma mesa, de uma cadeira, de um lugar convencional pra se comer, compondo um quadro da degradação da vida dos que nada têm. Mas com Macabéa nada é simples nem óbvio, e Suzana Amaral, fina leitora, entende isso. No mesmo quarto em que a câmera compõe esse momento de dor e carência, em outra sequência, Maca, sozinha (é quase sempre na solidão que as personagens de Clarice se defrontam com a angústia, com o êxtase ou com a felicidade clandestina), num dia de folga, dança com um lençol que faz as vezes, ora de uma espécie de véu de noiva, ora de um parangolé, remetendo-nos a Hélio Oiticica:

Figura 2: Filme *A hora da estrela*, de Suzana Amaral.

No livro, a mesma beleza:

> Então, no dia seguinte, quando as quatro Marias cansadas foram trabalhar, ela teve pela primeira vez na vida a coisa mais preciosa: a solidão. Tinha um quarto só para ela. Mal acreditava que usufruía o espaço. E nem uma palavra era ouvida. Então dançou num ato de absoluta coragem, pois a tia não a entenderia. Dançava e rodopiava porque ao estar sozinha se tornava: l-i-v-r-e! Usufruía de tudo, da arduamente conseguida solidão, do rádio de pilha tocando o mais alto possível, da vastidão do quarto sem as Marias (Lispector, 1995, p. 57-58).

Em contraste com Macabéa, magra, sertaneja, pálida, de ovários murchos, comendo apenas cachorro-quente, órfã de pais, mãe e de dinheiro, temos Glória, sua colega estenógrafa, cujo pai trabalha num "açougue belíssimo" (1998, p. 40), "criada na carne", como ela mesma diz, trazendo "no sangue um bom vinho português" (Lispector, 1995, p. 76). Essa personagem, cujo futuro já é indicado pelo nome, seduz Olímpico. No mercado dos afetos, Glória é vista a partir do que come e é tratada como comida: "Vendo-a, ele [Olímpico] logo adivinhou que, apesar de ser feia, Glória era alimento de boa qualidade. [...] Posteriormente, de pesquisa em pesquisa, ele soube que Glória tinha mãe, pai e comida quente em hora certa. Isso tornava-a material de primeira qualidade. Olímpico caiu em êxtase quando soube que o pai dela trabalhava num açougue" (Lispector, 1995, p. 77). Macabéa, que tem em comum com Olímpico um passado sertanejo de miséria também vê e se vê em relação a Glória a partir do acesso à comida:

> Macabéa entendeu uma coisa: Glória era um estardalhaço de existir. E tudo devia ser porque Glória era gorda. A gordura sempre fora o ideal secreto de Macabéa, pois em Maceió ouvira um rapaz dizer para uma gorda que passava na rua: "a tua gordura é formosura!". A partir de então ambicionara ter carnes e foi quando fez o único pedido de sua vida. Pediu que a tia lhe comprasse óleo de fígado de bacalhau. (Já então tinha tendência para anúncios.) A tia perguntara-lhe: você pensa lá que é filha de família querendo luxo? (Lispector, 1995, p. 52)

Glória é aquela que "tem a malícia de toda mulher", como canta Noel Rosa, a que sabe "a dor e a delícia de ser o que é", pra retomar a resposta de Caetano Veloso a esta canção.[5] Ela é uma personagem feminina composta a

---

[5] A canção de Noel Rosa intitula-se "Pra que mentir?" e a de Caetano Veloso, "Dom de iludir".

partir do estereótipo de gênero: falsa loura (seguindo o modelo imposto pelo cinema industrial, que aparece no filme nos cartazes colados por Macabéa na parede do seu quarto), gorda, carioca da gema, sedutora.

Figura 3: Filme *A hora da estrela*, de Suzana Amaral.

(Acredito ser importante abrir parênteses sobre essa personagem, num momento em que voltamos a discutir seriamente no Brasil direitos reprodutivos. No livro, não há qualquer menção ao aborto, mas no filme, em 85, último ano da ditadura militar, Suzana Amaral insere esse tema em alguns momentos: num diálogo de Glória com um amante, numa conversa de Glória com Macabéa e na consulta de Glória a Madama Carlota. Esse tema continua na ordem do dia das lutas feministas e é sempre muito tenso e delicado, no contexto conservador e religioso brasileiro.)

Madama Carlota, a cartomante, vivida magistralmente por Fernanda Montenegro no filme, vem de um passado de miséria e fome, e também é configurada a partir da comida, no livro, não no filme. No final da narrativa, em diálogo com o conto machadiano "A cartomante", Clarice completa sua galeria de personagens femininas com essa ex-prostituta que lê o futuro de Macabéa, nas cartas e "[...] enquanto falava tirava de uma caixa aberta um bombom atrás do outro e ia enchendo a boca pequena. Não ofereceu nenhum a Macabéa" (Lispector, 1995, p. 92). Esses bombons, dentro dos quais há um "líquido grosso" (metáfora um tanto óbvia), ligam-se a sua feminilidade (já que os doces são comidas de mulheres e crianças) e reforçam o seu hedonismo, doces são comidos por prazer, não por necessidade.

O diálogo longo de Macabéa com Madama Carlota, que oferece apenas café frio a sua cliente, é seguido quase linha a linha por Suzana Amaral. Será este, aliás, um raro momento em que Macabéa receberá o tratamento delicado, ainda que profissional, simulado, da cartomante e terá pela primeira vez notícias de um futuro que a fez "tremelicar toda por causa do lado penoso que há na excessiva felicidade" (Lispector, 1995, p. 96).

Temos ainda as três Marias com quem Macabéa divide o quarto e comem tanto quanto ela. Essas Marias aparecem cozinhando em uma cena no pequeno fogão, cozinha improvisada, e depois seguram a cabeça de Macabéa, num momento de solidariedade enquanto a sertaneja vomita. No filme, não no livro.

O direito ao vômito

A fome parece colada em Macabéa, ou como escreve Clarice na crônica de "Daqui a vinte e cinco anos": "[...] na maioria das vezes, quando se descrevem as características físicas, morais e mentais de um brasileiro, não se nota que na verdade se estão descrevendo os sintomas físicos, morais e mentais da fome". Esse fragmento, aliás, parece ecoar um trecho do clássico publicado em 46, *A geografia da fome*, de Josué de Castro:

> Não é somente agindo sobre o corpo dos flagelados, roendo-lhes as vísceras e abrindo chagas e buracos em sua pele, que a fome aniquila a vida do sertanejo, mas também atuando sobre sua estrutura mental, sobre sua conduta social. Nenhuma calamidade é capaz de desagregar tão profundamente e num sentido tão nocivo a personalidade humana como a fome quando alcança os limites da verdadeira inanição. Fustigados pela fome, fustigados pela imperiosa necessidade de se alimentar, os instintos primários exaltam-se e o homem como qualquer outro animal esfomeado apresenta uma conduta que pode parecer a mais desconcertante (Castro, 2022, p. 252).

Josué, de quem este ano comemoramos, no sentido de memorar com, os 50 anos de sua morte, foi um dos grandes pensadores da fome, e não só. Tendo morrido no exílio, quando seu corpo retorna ao Brasil, a ditadura impede que seu velório e seu enterro sejam divulgados, temendo um grande ato político, o que nos faz lembrar de uma famosa tese sobre a história de Walter Benjamin: "O dom de despertar no passado as centelhas da esperança é privilégio exclusivo do historiador convencido de que também os mortos não estarão em segurança se o inimigo vencer. E esse inimigo não tem cessado de vencer" (1994, p. 224). Josué, que dedica seu livro a Rachel de Queirós e José Américo de Almeida, chamando-os de "romancistas da fome", certamente teria se comovido com Macabéa, que talvez não tivesse saído do sertão, se o Brasil tivesse feito a reforma agrária, necessária para resolver o problema da fome.

Essa sertaneja de 19 anos é tão absurdamente miserável que, no livro, sequer tem o direito de vomitar. O vômito é negado a Macabéa, aquela que "graças a Deus nunca vomitou", como diz a Olímpico, em uma de suas desconcertantes conversas. E, em uma passagem que sempre me leva às lágrimas, explica por quê. Na consulta que tem com o médico incompetente e impiedoso, excluído do filme, "[...] desatento [que] achava a pobreza uma coisa feia" (Lispector, 1995, p. 85), temos o seguinte diálogo:

> – Você às vezes tem crise de vômito?
> – Ah, nunca! – exclamou muito espantada, pois não era doida de desperdiçar comida, como eu disse.
> (Lispector, 1995, p. 85)

Ela quase vomita, no momento de sua morte: "Nesta hora exata, Macabéa sente um fundo enjoo de estômago e quase vomitou, queria vomitar o que não é corpo, vomitar algo luminoso. Estrela de mil pontas" (Lispector, 1995, p. 104).

Mas no filme, Macabéa vomita, já perto do final, após ir à casa de Glória, que a convida muito culpada por ter lhe roubado Olímpico de Jesus,[6] com quem tinha um "namoro talvez esquisito mas pelo menos parente de algum amor" (Lispector, 1995, p. 77) e conversas sobre "[...] farinha, carne-de-sol, carne seca, rapadura, melado" (Lispector, 1995, p. 63). Na festa de aniversário da mãe de Glória, ela se espanta com a fartura e come excessivamente, vomitando ao voltar para a pensão, ajudada pelas Marias.

Suzana Amaral concede a Macabéa o direito ao vômito, tão comum em filmes de Sganzerla, como nos lembra Patrícia Mourão, na sua comovente fala sobre *Sem Essa, Aranha*.[7] No livro, Clarice trata disso de forma muito mais dura. A comida é algo tão raro na vida de Macabéa que ela não tem sequer o direito de desperdiçá-la vomitando, o que é reforçado em várias passagens, como na seguinte: "No dia seguinte, segunda-feira, não sei se por causa do fígado atingido pelo chocolate ou por causa do nervosismo de beber coisa

---

[6] Olímpico remete ao mundo grego, indica força, mas sua condição severina é reforçada pelo sobrenome, de Jesus: "– Olímpico de Jesus Moreira Chaves – mentiu ele porque tinha como sobrenome apenas o de Jesus, sobrenome dos que não têm pai" (Lispector, 1995, p. 60).

[7] No "CineSAL", cujo texto integra este volume.

de rico, passou mal. Mas teimosa não vomitou para não desperdiçar o luxo do chocolate" (Lispector, 1995, p. 84).

O chocolate, no livro, e o almoço farto do aniversário da mãe de Glória no subúrbio, no filme, portanto, são luxos pra Macabéa. No filme ela pode "desperdiçar comida". Vomitando, ela vive a experiência do excesso, que lhe é negada no livro. Ou, podemos pensar ainda que o vômito no filme se inscreve na ficcionalização da miséria extrema de Macabéa: ela come tão mal e pouco que, quando come bem, vomita. Ela não tem nunca direito à comida. Não vomita pra não desperdiçá-la e, quando a come em excesso, não consegue retê-la. Ela está condenada a uma dieta a base do lixo da indústria alimentícia controlada pelo império estadunidense: cachorro-quente e Coca-Cola,[8] e, às vezes, café. Em várias passagens do filme, Suzana Amaral mostra a Coca-Cola ao lado do rádio, um importante veículo de comunicação de massas ainda hoje no Brasil.

O café, essa bebida tão comum na mesa dos brasileiros e central na economia do país em um determinado período, tem um lugar interessante no livro e no filme. Índice de hospitalidade, ele é oferecido a Macabéa, ralo, frio e sem açúcar, pela dona da pensão onde mora, quando ela vai procurar um quarto. E, no final do livro, aparece de novo o café, agora oferecido por Madama Carlota, frio e sem açúcar. O café é oferecido com leite e açúcar por Olímpico, em um raro momento de generosidade, no qual ela, que ignora os protocolos de comer em público, ela, que nunca havia ido a um restaurante, no máximo à lanchonete simples perto do trabalho, fica espantada com a generosidade de Olímpico, que ela vira desde o primeiro momento como "sua goiabada com queijo" e quase passa mal de tanto açúcar, centro de muitos dos nossos males, ligado ao latifúndio à monocultura e ao trabalho escravo, que coloca em sua pequena xícara:

> – [...] Pois olhe vou lhe pagar um cafezinho no botequim. Quer?
> – Pode ser pingado com leite?
> – Pode, é o mesmo preço, se for mais, o resto você paga.
> Macabéa não dava nenhuma despesa a Olímpico. Só dessa vez quando lhe pagou um cafezinho pingado que ela encheu de açúcar quase a ponto de vomitar mas controlou-se para não fazer vergonha. O açúcar ela botou muito para aproveitar (Lispector, 1995, p. 50).

---

[8] Bebida que já foi abordada no "CineSAL" com muito humor por Sabrina Sedlmayer, a partir do instigante filme *Como Fernando Pessoa salvou Portugal*, de Eugène Green (2018).

Se Glória é "criada na carne", a de carnes fartas, Macabéa é a que quase nada come a que não desperta o apetite de ninguém, ao abandoná-la, Olímpico lhe diz:

> – Você, Macabéa, é um cabelo na sopa. Não dá vontade de comer. Me desculpe se eu lhe ofendi, mas sou sincero. Você está ofendida?
> – Não, não, não! Ah, por favor quero ir embora! Por favor me diga logo adeus (Lispector, 1995, p. 78).

Suzana Amaral, tão atenta ao uso da comida como elemento de composição da personagem, não incorpora ao seu filme uma cena em que Olímpico mastiga pimenta malagueta, no primeiro encontro do Glória, para mostrar logo quem manda. Seria bom ter visto essa relação entre comida e gênero, mas no filme Olímpico não é o cabra macho que mastiga pimenta e supera a miséria, tornando-se, como é indicado num sumário narrativo no romance, deputado e desmontando a ironia inscrita em seu nome. Suzana Amaral lhe reserva um destino diferente, ou melhor, um destino mais previsível, que ignora a complexidade e diversidade de destinos de migrantes nordestinos pobres na cidade grande, cuja realização mais extraordinária é a do presidente Luís Inácio Lula da Silva, que sai de pau-de-arara, do interior de Pernambuco pra São Paulo, e é eleito três vezes para governar este país injusto.

O mais perto que Olímpico chega desse futuro improvável, mas possível, é numa cena, espécie de homenagem a Glauber Rocha de *Deus e o diabo na terra do sol* e *também de Terra em transe*, em que ele faz um discurso inflamado em uma praça quase vazia, assistido apenas por Macabéa e uma mendiga, que o aplaude, prometendo resolver os problemas do Brasil de Cajazeiras (terra de Marcélia Cartaxo) a Brasília. Mas o heroísmo de Olímpico de Jesus encerra-se aí. No final, ele continua perdido e só, "numa cidade toda feita [também] contra [ele]". Há ainda uma outra sequência que gosto de pensar como homenagem ao cinema de invenção. Trata-se de um momento em que Macabéa e Olímpico estão em um lugar ermo, sem nenhum atrativo, num dia de passeio, sob um viaduto, e subitamente ele a levanta e simula um voo de avião. Os sons do riso se confundem com o barulho do trem e Macabéa voa. Vejo nesse momento muito bonito um diálogo com Sganzerla, de *Copacabana, mon amour*. Corpos insubmissos em liberdade, assim como na dança de Maca com o lençol parangolé, no quarto.

Goiabada com queijo

Antes de terminar essa sobremesa amarga, quero deixar algumas imagens de doçura, difícil, mas ainda doçura, que Clarice e Suzana nos lançam e que se prolongam em minha memória, depois da travessia dessa história "soco no estômago" sobre algumas personagens que sentem uma "leve fome permanente".

No fim do filme, Macabéa usa um vestido azul vaporoso, similar a um vestido de noiva (final feliz do cinema industrial) e corre para os braços do homem (estereótipo do mocinho) que a atropela. Ainda que na imaginação, ou num delírio final da morte, ela vive o final do cinemão a que ela assistia, quando tinha algum dinheiro. Esse final parece refazer, de algum modo, a circularidade encenada no livro, cujo início é "Tudo no mundo começou com um sim" e cujo fim é a palavra "Sim".

Figura 4: Filme *A hora da estrela*, de Suzana Amaral.

Figura 5: Filme *A hora da estrela*, de Suzana Amaral.

Macabéa é uma das personagens mais desconcertantes que conheço. Desconcerta o que sabemos sobre o outro, sobre nós, sobre o mundo, sobre a invenção da alegria. Ela, "capim ralo", sabe inventar um mundo pra viver: ouvindo um rádio emprestado, cantando, indo ao cinema, se encantando com as palavras, e, numa celebração comovente da liberdade e do ócio, acordando mais cedo no domingo: "pra ficar mais tempo sem fazer nada" (Lispector, 1995, p. 20). Maca, que amava goiabada com queijo, "única paixão na sua vida" (Lispector, 1995, p. 20), parece nos dizer que nós também devemos imaginar modos de fazer o Brasil sair para sempre do mapa da fome e ter mais dias de goiabada com queijo para todo mundo. Dias de mais felicidade: "Felicidade? Nunca vi palavra mais doida, inventada pelas nordestinas que andam por aí aos montes" (Lispector, 1995, p. 25).

Referências

A HORA da estrela. Direção Suzana Amaral e Alfredo Oroz. São Paulo. Produtora Rais Filmes. Embrafilme. 1985. Disponível em: https://www.you-tube.com/watch?v=MBxAMJvSip0. Acesso em: 07 dez. 2023.

ARAÚJO, Adriana de Fátima Barbosa. *Migrantes nordestinos na literatura brasileira*. Curitiba: Appris, 2019.

BENJAMIN, Walter. Sobre o conceito da História. *In*: BENJAMIN, Walter. *Magia e técnica, arte e política: ensaios sobre literatura e história da cultura*. Tradução de Sergio Paulo Rouanet. 3. ed. São Paulo: Brasiliense, 1987. p. 222-234.

CASTRO, Josué. *Geografia da fome: o dilema brasileiro: pão ou aço*. São Paulo: Todavia, 2022.

GOTLIB, Nádia Battella. *Clarice: uma vida que se conta*. São Paulo: Ática, 1995.

LISPECTOR, Clarice. *A descoberta do mundo*. Rio de Janeiro: Nova Fronteira, 1996.

LISPECTOR, Clarice. *A hora da estrela*. 23. ed. Rio de Janeiro: Francisco Alves, 1977.

Café

11

Gastronomia e sociabilidade:
os usos do café no cinema espanhol

Ana María Gómez-Bravo

Os diferentes meios de comunicação, incluindo o cinema e os programas de televisão, prestam cada vez mais atenção às questões gastronômicas e ao contexto social, político e ambiental em que os alimentos são cultivados, preparados e consumidos.[1] No caso do cinema, estudiosas e estudiosos como José María Caparrós Lera, Natalie Zemon Davis, Marc Ferro, Edward Goyeneche-Gómez e Pierre Sorlin enfatizaram a importância de examinar a relação do cinema com a cultura e com a história a partir de uma perspectiva ideológica, oferecendo uma proposta analítica que ajuda a estabelecer inúmeras relações entre as codificações cinematográficas e os processos históricos e culturais que elas refletem. Por sua vez, José Luis Brea destacou a relevância de analisar as práticas conotadas de visualidade e as formas como estas são utilizadas para criar significados culturais. Alfredo Martínez Expósito estudou as formas em que o mais recente cinema espanhol explora a gastronomia, especialmente no que se refere a um tema que inclui novas estruturas sociossexuais e particularmente no contexto da criação da *Marca España*.[2]

Estas páginas seguem a linha de estudos que enfatizam o papel que a cultura alimentar desempenha no cinema, para focar no café, entendido no seu duplo sentido de bebida e de espaço público onde é consumido. Este trabalho centra-se principalmente no cinema espanhol, embora alguns filmes produzidos em outros países sejam examinados comparativamente.

---

[1] Tradução do espanhol de Rafael Climent-Espino.

[2] A "Marca España" é uma iniciativa do governo de Espanha que tem como intuito melhorar a imagem de Espanha no exterior e dentro do próprio país.

Beber para crer

Dentro dos estudos culturais voltados para a gastronomia, deve ser valorizado o papel do café como bebida que, pelos seus usos sociais, possui alto valor simbólico. Este valor reflete-se explicitamente em inúmeras obras cinematográficas, como se pode verificar em *Café nunca es café*, curta-metragem que apresenta claramente o valor simbólico, mas também metafórico e social do café, expondo com intensa brevidade que o convite para tomar um café na privacidade do lar é, na verdade, uma forma de comunicação interpessoal que, tal como nesse curta, pode servir para expressar o desejo sexual. Igualmente significativa é outro curta-metragem, *Café frío*, onde o aparente favor que um desconhecido faz ao devolver uma bolsa perdida a sua dona apenas inspira nela a resposta surpreendente de convidá-lo para um café, mas um café frio, que surge como um claro paralelo de sua atitude para com o estranho.

Imagem 1: Café Gijón, Madri.

Como aponta Dolores Juan Moreno, o cinema mostra o café como um espaço público que substitui o espaço doméstico da casa e permite uma reformulação de expectativas relacionadas com fases-chave da vida. A primeira amostra de cinema em Espanha, *Riña en un café* (1897) – *Briga em um café* –, acontece de fato em um café. É um curta-metragem de menos de um minuto que mostra as possibilidades narrativas da cinematografia e abre a história do cinema espanhol mostrando a função social do café como local onde podem surgir atritos interpessoais e ao mesmo tempo onde uma situação violenta pode ser resolvida com a ajuda doutros contertúlios. Uma representação semelhante da sociabilidade associada ao café surge em outra curta, *Café para llevar*, também feita a partir da concepção básica do café como bebida e ao, mesmo tempo, como local onde é consumido num ambiente de sociabilidade. *Café para llevar* acontece em Barcelona; aqui, o café que a protagonista pede para levar se transforma em um café para beber acompanhada e sentada à mesa. Imersa nos preparativos do seu próximo casamento, que tenta combinar por telefone, Alicia entrou no estabelecimento El Sortidor para pedir um café para levar quando chegou Javi, seu ex-namorado, que ela não via há muito tempo. A pedido do Javi, e apesar das dolorosas lembranças do relacionamento fracassado que este reencontro traz para Alicia, ela concorda em tomar um café na cafeteria acompanhada por ele. Quando estão sentados à mesa, lembrando que o relacionamento chegou ao fim porque Javi não queria constituir família, entra a nova companheira deste, que está em estado avançado de gravidez. Depois de algumas breves palavras de cortesia após ser apresentadas por Javi, a crise emocional que Alicia vive desde o início de seu encontro com o ex-namorado se agrava. Alicia decide ir embora, seguida logo por Javi, os dois se abraçam, após o qual Javi retorna ao café com sua esposa e Alicia tenta voltar à normalidade retomando a conversa telefônica interrompida sobre os planos de casamento. Nesse curta, o café como ponto de encontro, que incentiva as relações interpessoais, entra em claro contraste com o café para levar, que elimina o contato social, funcionando ambos os tipos de café como meios materiais e, ao mesmo tempo, metáforas de relações afetivas.

Da mesma forma, o café como espaço público por excelência é palco de conversas descontraídas e ponto de encontro de conhecidos e colegas. Assim, o café do *Círculo de Bellas Artes* de Madri é representado no filme *Kika* (1993), no qual Victoria Abril (Andrea) e Peter Coyote (Nicolás) falam sobre um roteiro (min. 42). O café escolhido desde a sua criação como local de recreação pública é evocado, em certa medida e em contraste, por *Camera café: la película* (*Câmera café: o filme*). Esta é a adaptação cinematográfica da série homônima cuja câmera, colocada na máquina de café, capta diversas cenas protagonizadas pelos funcionários que se aproximam dela quando fazem uma breve pausa no trabalho e tomam um café. Aqui o café é o ponto de mira material por meio do qual observamos as preocupações, as relações interpessoais e outros detalhes dos colaboradores ao longo da jornada de trabalho. Dessa forma, o café oferece um olhar íntimo sobre as relações socioprofissionais desses trabalhadores ao mesmo tempo em que expõe que, no trabalho, o café não cria um espaço privado.

No entanto, em outros locais, o café como bebida pode ajudar a criar um espaço social semelhante ao do café como estabelecimento, por exemplo, dentro do lar. Aqui o café ajuda a delimitar o espaço íntimo onde se pode conversar, trocar ideias e resolver problemas. O filme *Audiencia pública* abre com a cena de um café que um casal desfruta dentro de sua luxuosa casa e que oferece aos protagonistas a oportunidade de expor as tensões de seu casamento durante uma discussão sobre a longa viagem que ele vai fazer em breve. Os problemas conjugais expostos perante uma xícara de café abrem este drama centrado na custódia da criança pela qual competem em julgamento as mães adotiva e biológica.

Vários filmes, incluindo *El café de la marina* e *Café de puerto* (*Malinconico autunno*), giram em torno do espaço público do café afastado de sua confortável localização urbana. Aqui os cafés portuários cumprem sua função de locais onde marinheiros itinerantes e desenraizados encontram a promessa do amor de uma mulher da terra que os ajudará a dirigir suas vidas. O filme *El café de la marina*, de 1933, do qual Silvia Munt fez uma nova versão em 2014, é baseado na peça homônima de Josep Maria de Sagarra. A cena principal da ação se passa em um café de uma vila de pescadores onde trabalha como garçonete Caterina, que é filha do dono do café e que tem um passado triste e tortuoso. O café é o cenário onde o amor nasce lenta e silenciosamente entre Claudi, um pescador tímido, solitário e bebedor, e Caterina, que com esse amor consegue reorganizar sua vida e recuperar a esperança de ser feliz. Numa localização semelhante, mas num grande centro portuário, tem seu eixo o filme *Café de puerto* (*Malinconico autunno*). Aqui o café do porto é o ponto de encontro dos marinheiros, é frequentado pelo protagonista do filme, um marinheiro que pratica o contrabando mas que se regenerará graças ao carinho paterno que concebe por um pequeno passageiro clandestino e órfão de pai e ao interesse pela jovem viúva que é mãe da criança, quem inspirará o marinheiro a endireitar sua vida. Longe da terra natal dos personagens principais, acontece o filme *Café de París*, onde a protagonista, uma espanhola chamada Carmen, reconstruirá sua vida, tentando superar uma tragédia familiar, entre os personagens peculiares dos bairros boêmios de Paris. Neste filme, o café serve mais uma vez para expressar a sociabilidade e o encontro de estranhos que, através da interação, poderão construir relações de amizade.

O café também será uma bebida que se saboreia em casa e que significa uma amável e acolhedora domesticidade. Porém, o café caseiro, preparado pela manhã para a família, pode servir para trazer à mente pensamentos tão escuros quanto sua cor. Em *Mães paralelas*, Pedro Almodóvar coloca em primeiro plano a memória histórica e a dor contínua causada pela Guerra Civil Espanhola, a cujos efeitos a longo prazo o filme dá uma presença imediata.[3] Nesse filme o

---

[3] Para uma excelente introdução ao uso da comida nos filmes de Pedro Almodóvar, ver: Climent-Espino (2019).

café aparece na sua função social na cena que acontece na esplanada do Café Moderno, localizado na *Plaza de las Comendadoras* em Madri. É lá onde Janis, uma das protagonistas, pede um café e um muffin de mirtilo (min. 48). Nesta cena o café cumpre sua função de espaço público que facilita conversas privadas, é o local onde Janis e Ana, as duas protagonistas, se reconhecem e consolidam sua amizade. Em significativo contraste, no mesmo filme o café reaparece, neste caso como a bebida consumida em casa no café da manhã feito por Janis em uma cafeteira automática (min. 1:48). Aqui vemos um prolongado *close-up* do negro líquido que parece imitar os pensamentos da protagonista e que prenuncia a cena subsequente em que, após consumir o café preto no café da manhã, Janis e outros personagens viajam de carro para testemunhar a escavação de uma sepultura comum de vítimas executadas pelo regime de Franco, entre as quais estão os restos mortais de seus familiares. O café associado da mesma forma à dor e ao conflito humano aparece em *Café con aroma de mujer*, onde o foco está nas diversas questões éticas relacionadas a problemas de diferenças socioprofissionais e de nível socioeconômico, refletindo também no fio da trama principal as problemáticas ambientais e materiais relacionadas ao cultivo e processamento do café. Esses temas aparecem retomados na novela colombiana do mesmo título e nas séries *Cuando seas mía* e *Destilando amor*, assim como também são encontrados, de forma semelhante, no filme hondurenho *Café con sabor a mi tierra*.

O poder antissocial e devastador do café é exposto no curta-metragem *Descafeinado infernal*, onde o protagonista, um velho, insiste em que lhe sirvam café descafeinado. No entanto, o café que lhe é servido não é o que ele pediu, insistindo veementemente para que não lhe fosse servido café não descafeinado. Por descuido, o garçom troca inadvertidamente a bebida descafeinada destinada ao cliente idoso por outro café, este não descafeinado ("normal"), que um segundo cliente pedira, confusão que provoca a monstruosa transformação do velho, a quem o garçom procede a imobilizar, agredindo-o violentamente. Aqui o café serve, de forma tragicômica, para enfatizar a relação fisiológica que o consumidor tem com o café, relação que deve ser negociada num contexto social.

Café *solo*

Em contraste direto com a representação do café como espaço público, que incentiva a sociabilidade, o café surge também como uma bebida para consumir sozinho e que simultaneamente marca um espaço de reflexão pessoal. Desta forma aparece captado em obras literárias como *Un café a solas*, de Miguel

Ángel Montero, onde o autor apresenta o café como um espaço de reflexão pessoal, de encontro com o próprio pensamento. As possibilidades de jogos lexicais e conceituais do "café *solo*" – *solo* em espanhol significa tanto o advérbio "só" quanto o adjetivo "sozinho" – aparecem em filmes como *Café solo... o con ellas*, em que "solo" funciona como adjetivo qualificativo com dupla alusão, pois pode referir-se tanto ao café preto quanto ao homem que deseja estar acompanhado. Neste filme, a cafeteria volta a ser apresentada como um ponto de encontro regular, neste caso de quatro amigos que avançam na maturidade entre conversas sobre basquete, festas noturnas e saudades de conquista amorosa.

Imagem 2: Café de Oriente, Madri.

Em contraste explícito com as estreitas ligações estabelecidas entre o café e a sociabilidade em outros filmes está o curta-metragem *Café solo*, de Toni Villazan. Aqui a média que pede o protagonista é servido como café preto – *solo* – pela garçonete, por quem ele se apaixona. O "café solo" – sozinho – do título refere-se à bebida como metáfora do consumidor e como premonição do futuro do protagonista que, por falta de determinação e autoconfiança, não tem coragem suficiente para dar passos adiante no que poderia ter sido um relacionamento promissor com a jovem garçonete que lhe serve café. O *café solo* também é metáfora e sinal de solidão em outro curta, *Café solo*, de Isra Calzado López e Mariam Useros Barrero. Aqui, o *café solo* que a protagonista toma pela manhã é o prelúdio da conversa que poucas horas depois ela iniciará com o companheiro para que ele saiba que decidiu terminar o relacionamento.

O valor social do café faz uma troca sociopolítica no chocante filme alemão *A coffee in Berlin* (*Um café em Berlim*), que tem como uma de suas bases a ligação entre a sociabilidade e o café. No filme, o café é apresentado como o local onde ocorre um encontro casual entre o protagonista e outro cliente no contexto da Alemanha nazista e das consequências do isolamento devastador que gerou. A dramática cena final que acontece no café pretende sublinhar a mensagem de que este isolamento pode ser trágico e mortal. Igualmente trágica é a função do café no filme *Café, coca y puro (Café, coca e charuto)*.[4] Num jogo terminológico e conceitual com o conhecido trio de estimulantes *café, copa y puro* (café, drinque e charuto), este filme explora as peculiares relações entre um fumador de charutos, um traficante de cocaína e um bebedor de café. A trama do filme, cujo eixo é o assassinato da tia de um dos protagonistas, tem como desenlace o envenenamento, pelo sobrinho da falecida, de um dos envolvidos no comércio de cocaína por meio da habitual xícara de café. Aqui o papel social do café e seu caráter como objeto de consumo são utilizados como culminação de uma tragédia alimentada pelos três estimulantes.

O café é um teatro

Enquanto espaço de sociabilidade, o café tem também uma longa e estreita relação histórica com a cultura socioliterária como ponto de encontro entre intelectuais, escritores e um público mais amplo. A ligação entre o café e a cultura social e literária é evidente em obras tão diversas como, por exemplo, *La comedia nueva* ou *El café*, de Leandro Fernández de Moratín, *La Fontana de Oro*, de Benito Pérez Galdós, ou *Montes de Oca*, do mesmo autor, *La verdadera história de la muerte de Francisco Franco*, de Max Aub, *La colmena*, de Camilo José Cela, *Conversación en La Catedral*, de Mario Vargas Llosa e *El café de Barcelona*, de Ramón de la Cruz. Cafés históricos que, como aponta Velasco Zazo (1943, p. 16-17), são herdeiros das antigas *botillerías* – lojas onde se faziam e vendiam refrigerantes ou bebidas geladas – e que nos séculos passados e atuais serviram como pontos de encontro de escritores. Ramón de la Cruz estreou em um café de Barcelona sua comédia de um ato, *El Café de Barcelona*, encomendada pelo Capitão General e apresentada em Barcelona em 1788 por ocasião da inauguração do recém-construído teatro nas Ramblas e também em celebração ao santo do rei Carlos III. As instruções para a disposição do palco procuram refletir fielmente o cenário típico de um café:

> Na primeira Mesa estará a Senhora com o Abade; Ela deitada com a mão no rosto, como se estivesse com raiva, e ele bebendo chocolate em uma das

---

[4] O título faz clara referência à expressão *café, copa y puro* (café, drinque e charuto), costume estendido na Espanha de tomar um café, uma bebida alcoólica e fumar um charuto depois da comida em algumas celebrações.

duas xícaras que lhes serviram. Na Segunda Mesa o Oficial com as Gazetas na mão e a Cafeteira, próxima em pé, cantando alto, e ele em voz baixa, como se estivesse aprendendo o canto catalão que se segue. Na Terceira Mesa o Prefeito (isto é, Batlle Catalán) sozinho com uma garrafa e um copo, Pão de Mallorca, etc. À Quarta a Garota Andaluza, com o Cabeleireiro refrescando-se com uma bebida, biscoitos, etc. O Garçom do Café vai e vem, serve o que for preciso.

As personagens pertencem a vários estratos sociais e se reúnem com pessoas de diferentes pontos geográficos, tanto de dentro como de fora de Espanha. Café, chocolate e bebidas alcoólicas são consumidos aqui. Em outro sainete de Ramón de la Cruz, *El café de máscaras*, as protagonistas aparecem participando de um baile de máscaras quando deveriam estar de luto pela morte de quem eram, respetivamente, seu pai e seu marido, tentando manter o anonimato com a ajuda das fantasias. No café adjacente onde os personagens frequentam com suas máscaras e fantasias, ocorre uma confusão de identidade que um acidente casual ajudará a desfazer.

Imagem 3: Café Novelty, Salamanca (Espanha).

Da mesma forma, os cafés eram os locais onde os autores recitavam os versos ou fragmentos da obra em prosa que acabavam de escrever no mesmo café. Os cafés foram também palco de concertos e apresentações artísticas de frequentadores regulares ou de atores e atrizes profissionais, como se reflete em crônicas contemporâneas como as do cronista da Vila, Velasco Zazo, no seu *Panorama de Madrid: Florilegio de los cafés* e em *Panorama de Madrid: Tertúlias literárias*, bem como em *El Madrid de Fornos: Retrato de una época*, a sua crônica de um dos cafés literários mais conhecidos, o madrileno Café de Fornos. Os cafés aparecem como cenários de sociabilidade musical em filmes como *Las Consagradas*, onde no minuto 49 inicia a cena que se passa no Café La Suiza e onde o público, que se envolve em fofocas entre goles de café, fica em silêncio quando a música toca para cantar em coro o que se tornaria em famosa canção, "¡Ay, que tiempos, Señor Don Simón!".

Além disso, e como estabelecimentos públicos, os cafés estão intimamente ligados aos primórdios do cinema em Espanha, uma vez que ali foram exibidos alguns dos primeiros filmes, como refere, por exemplo, Martínez Álvarez para Madri e González López para Catalunha. Curiosamente, Romero documenta práticas semelhantes entre a comunidade sefardita de Salônica, particularmente as assinaladas pelo poeta Šelomó Šalem (1873-1910) e faz eco da notícia de que o Café Alhambra foi o local onde funcionou o primeiro cinema da cidade (p. 209).[5] O papel do café como local de recreação e distração em linha contínua com o teatro, o espetáculo musical e o cinema pode ser visto em alguns dos primeiros filmes, entre os quais podemos citar *Café cantante* ou *Rinconcito madrileño*, onde uma das protagonistas, a filha de uma mãe infeliz, consegue ganhar o sustento e ajudar a mãe se apresentando e atuando em um café cantante. No filme *Café cantante* desenrola-se o drama, ambientado num tablado andaluz de meados do século XIX, onde o assassinato do marido da cantora protagonista, interpretada pela famosa atriz Imperio Argentina, leva a própria a jurar vingar a sua morte. Esse e outros filmes refletem o *boom* que os cafés cantantes tiveram desde meados do século XIX até a segunda década do século seguinte. Uma homenagem aos "cafés cantantes" é o filme *Aquellos tiempos de cuplé,* que apresenta a vida de sucesso, mas intimamente trágica, da cantora protagonista, que vive escrava do seu triunfo e não consegue alcançar a felicidade pessoal, sacrificada ao seu sucesso musical. De forma mais cômica, o café-bar cantante Los Muelles é representado no filme *Ocho apellidos vascos,* que possui um *tablao* flamenco e que funciona como foco escolhido para apresentar desde o início do filme a tensão entre as identidades basca e andaluza que são contrastadas de forma brincalhona.

Dessa forma, o café, no seu duplo papel de bebida e de espaço de sociabilidade onde é consumido, aparece capturado no cinema como forma de reflexão sobre questões sociais que giram em torno de temas mais amplos, como memória histórica, os relacionamentos afetivos e interfamiliares, as dinâmicas socioprofissionais ou a necessidade de introspecção pessoal. O cinema utiliza o impacto visual para tecer narrativas que associam uma diversidade de conceitos e referências sócio-históricas e que situam o café como bebida e como espaço eminentemente social e pessoal.

---

[5] Saporta y Beja elaborou uma interessante crônica ficcionalizada com elementos autobiográficos da vida dos sefarditas de Salonica. Sobre esse tema, ver: Saporta y Beja (1979).

Referências

AQUELLOS tiempos del cuplé. Dir. Mateo Cano, José Luis Merino. España, 1958.

AUDIENCIA pública. Dir. Florián Rey. España, 1946.

AUB, Max. *La verdadera historia de la muerte de Francisco Franco.* Barcelona: Seix Barral, 1979.

AY, QUÉ TIEMPOS señor don Simón. Dir. Julio Bracho. México, 1941.

BREA, José Luis. Los estudios visuales: por una epistemología de la visualidad. *In*: BREA, José Luis (Ed.). *Estudios visuales*. Madrid: Akal, 2005. p. 5-14.

CAMERA café: la película. Dir. Ernesto Sevilla. España, 2022.

CAPARRÓS LERA, J. M. *100 películas sobre historia contemporánea.* Madrid: Alianza, 1997.

CAFÉ. Dir. Marc Eribaum. Estados Unidos, 2010.

CAFÉ cantante. Dir. Antonio Monplet. Argentina y España, 1951.

CAFÉ, coca y puro. 1985. Dir. Antonio del Real. España, 1985.

CAFÉ con aroma de mujer. Dir. Fernando Gaitán, Pepe Sánchez. Colombia, 1994.

CAFÉ con sabor a mi tierra. Dir. Carlos Membreño. Honduras, 2019.

EL CAFÈ de la marina. Dir. Domingo Pruña. España, 1933.

EL CAFÈ de la marina. Dir. Silvia Munt. España, 2014.

CAFÉ de puerto – Malinconico autunno. Dir. Raffaello Matarazzo. España y Italia, 1958.

CAFÉ de París. Dir. Edgar Neville. España, 1943.

CAFÉ frío. Dir. Mario Suárez. España, 2019.

CAFÉ nunca es café. Dir. Eduardo Ovejero. España, 2016.

CAFÉ para llevar. Dir. Patricia Font. España, 2014.

CAFÉ solo. Dir. Toni Villazan. España, 2017.

CAFÉ solo. Dir. Isra Calzado López e Mariam Useros Barrero. España, 2016.

CAFÉ solo... o con ellas. Dir. Álvaro Díaz Lorenzo. España, 2007.

CELA, Camilo José; URRUTIA, Jorge (Ed.) *La colmena.* Madrid: Cátedra, 2018.

CLIMENT-ESPINO, Rafael. Representaciones de la comida en la filmografía de Pedro Almodóvar: 1983-1993. *La Nueva Literatura Hispánica*, v. 23, p. 51-78, 2019.

A COFFEE in berlin (Oh Boy). Dir. Jan-Ole Gerster. Alemania, 2014.

LAS CONSAGRADAS. Dir. Julio Bracho. México, 1941.

CRUZ, Don Ramón de la. El abate diente-agudo. *In*: KANY, Charles Emil (Ed.). *Ocho sainetes inéditos de Don Ramón de la Cruz*. Berkeley, California: University of California Press, 1925.

CRUZ, Don Ramón de la. *El Café de Barcelona*. Comedia en un acto. Para representarse en el Teatro Nuevo de dicha Ciudad. El día que se estrena 4 de Noviembre de 1788, en celebridad de Nro. Catholico Monarca D. Carlos Tercero. Escrita de orden del Exmo. Sor. Conde del Asalto, Capitán General de Cataluña. Barcelona: Francisco Genéras, 1788.

CRUZ, Don Ramón de la. *El café de máscaras*. Sainetes. Barcelona: Biblioteca Artes y Letras, 1882. t. 1.

CUANDO seas mía. Dir. Martín Barraza, Rafael Gutiérrez, Julio Fons. México, 2002.

DESCAFEINADO infernal. Dir. Jordi O. Romero. España, 2011.

DESTILANDO amor. Dir. Alejandro Frutos, Miguel Córcega, Víctor Rodríguez. México, 2007.

FERNÁNDEZ DE MORATÍN, Leandro; PÉREZ MAGALLÓN, Jesús (Ed.); LÁZARO CARRETER, Fernando (Ed.). *La comedia nueva: El sí de las niñas*. Barcelona: Crítica, 1994.

FERRO, Marc. *Historia contemporánea y cine*. Barcelona: Ariel, 1995.

GONZÁLEZ-LÓPEZ, Palmira. Los quince primeros años del cine en Cataluña. *Artigrama: Revista del Departamento de Historia del Arte de la Universidad de Zaragoza*, Zaragoza, v. 16, p. 39-74, 2001.

GOYENECHE-GÓMEZ, Edward. Las relaciones entre cine, cultura e historia: una perspectiva de investigación audiovisual. *Palabra Clave-Revista de Comunicación*, v. 15, n. 3, p. 387-414, 2012.

KIKA. Dir. Pedro almodóvar. España, 1993.

JUAN MORENO, Dolores; GONZÁLEZ DEL POZO, Jorge (Ed.). Sin fecha de caducidad: notas sobre gastronomía, mujeres y vejez en el cine español del siglo XXI. *La nueva Literatura Hispánica*, Monográfico "Cultura gatronómica: representationes identitarias en España", v. 23, p. 31-49, 2019.

LOS LADRONES van a la oficina. Dir. Tito Fernández e Miguel Ángel Díez. España, 1993.

LAVEDAN, Antonio. *Tratado de los usos, abusos, propriedades y virtudes del tabaco, café, té y chocolate. Extractado de los mejores autores que han tratado de esta materia, á fin de que su uso no perjudique á la salud, antes bien pueda servir de alivio y curacion de muchos males*. Madrid: Imprenta Real, 1796.

MADRES paralelas. Dir. Pedro Almodóvar. España, 2021.

MARTÍNEZ ÁLVAREZ, Josefina. *Los primeros veinticinco años de cine en Madrid, 1896 1920*. Madrid: Filmoteca Española, 1992.

MARTÍNEZ-EXPÓSITO, Alfredo. Tapas, dietas y chefs: la Marca España en el nuevo cine gastronómico español. *In*: COLMEIRO, José F. (Ed.). *Encrucijadas Globales: Redefinir España en el siglo XXI*. Madrid: Iberoamericana Vervuert, 2015, p. 285-309.

MITCHELL, William John Thomas. *Teoría de la imagen*. Madrid: Akal, 2009.

OCHO APELLIDOS vascos. Dir. Emilio Martínez-Lázaro. España, 2014.

MONTERO SÁNCHEZ, Miguel Ángel. *Un café a solas*. Albacete: M. Á. Montero, 2022.

PELEA en un café. Dir. Fructuós Gelabert. 1897.

PÉREZ GALDÓS, Benito. *La Fontana de Oro*. Madrid: Aguilar, 1970.

PÉREZ GALDÓS, Benito. *Montes de Oca*. Episodios Nacionales 28, Tercera serie. Madrid: Alianza Editorial, 2008.

RINCONCITO madrileño. Dir. León Artola. España, 1936.

RIÑA en un café. Dir. Fructuós Gelabert. España, 1897, 1952.

ROMERO, Elena. El poeta sefardí de Salónica Šelomó Šalem: nuevos datos biográficos y sus crónicas sobre los cafés cantantes de la Salónica de principios del siglo XX. *Sefarad*, v. 77, n. 1, p. 163-222, 2017.

SAGARRA, Josep Maria de; FONT I MASSOT, M. Rosa (Eds.). *El Cafè De La Marina*. Barcelona: Barcanova, 1994.

SAPORTA Y BEJA, Enrique. *En torno de la Torre Blanca*. París: Vidas Largas, 1983.

SAPORTA Y BEJA, Enrique. *Selanik i sus Ojudyos*. París: Vidas Largas, 1979.

SORLIN, Pierre; UTRILLA, Juan José. *Sociología del cine. La apertura para la historia de mañana*. México D. F.: Fondo de Cultura Económica, 1992.

VARGAS LLOSA, Mario. *Conversación en La Catedral*. México: Alfaguara, 1999.

WURGAFT, Benjamin Aldes; WHITE, Merry I. *Ways of Eating: Exploring Food through History and Culture*. Berkeley: University of California Press, 2023.

VELASCO ZAZO, Antonio. *El Madrid de Fornos: Retrato de una época*. Madrid: Victoriano Suárez, 1945.

VELASCO ZAZO, Antonio. *Panorama de Madrid: Florilegio de los cafés*. Madrid: Victoriano Suárez, 1943.

VELASCO ZAZO, Antonio. *Panorama de Madrid: Tertulias literarias*. Madrid: Victoriano Suárez, 1952.

ZEMON DAVIS, Natalie. *Slaves on Screen: Film and Historical Vision*. Cambridge: Harvard University Press, 2000.

ORGANIZADORES

Sabrina Sedlmayer

Professora Titular da Faculdade de Letras da Universidade Federal de Minas Gerais. Atua principalmente na linha de pesquisa "Literatura e políticas do contemporâneo". É coordenadora do SAL desde 2015, e possui muitas publicações na interface literatura & filosofia e literatura & cultura alimentar. Entre livros publicados, vale destacar *Jacuba é gambiarra*; *Ao lado esquerdo do pai*; *Pessoa e Borges: quanto a mim, eu*. Ganhou primeiro lugar no Brasil e terceiro lugar mundial, na área de nutrição, no prestigiado concurso Gourmand World Cookbooks Award, com o livro *100 receitas sem leite*.

Rafael Climent–Espino

Professor Associado de Espanhol e Português na Baylor University. Membro e coordenador dos Verbetes na Cozinha dentro do SAL, sua área de pesquisa principal é a literatura latino-americana dos séculos XX e XXI, com interesses específicos nos estudos da alimentação, na teoria crítica da raça e nos estudos textuais. Entre suas publicações mais recentes, destacam-se os volumes coletivos *Food, Texts and Cultures in Latin America and Spain* (2020) e *Perspectivas críticas da literatura brasileira no século XXI* (2021). Outra área em que atua é a tradução literária: Rafael Climent-Espino traduziu para o espanhol romances brasileiros de importantes escritores como Jacques Fux, Ana Miranda, Oscar Nakasato e Itamar Vieira Junior.

Luiz Eduardo Andrade

Professor Adjunto na Faculdade de Letras da Universidade Federal de Alagoas. Doutor em Estudos Literários pela Universidade Federal de Minas Gerais. Atualmente é vice-líder do SAL e coordenador do CineSAL, desde 2021. Pesquisa a obra de Cornélio Penna na interface das Políticas do Contemporâneo, com publicações de artigos em revistas e do livro *O medo à espreita* (2022).

CONVIDADOS

Ana María Gómez-Bravo

Catedrática de Espanhol e Português na Universidade de Washington em Seattle. As áreas de pesquisa de maior relevo são as de teoria da raça e diferenças humanas, os estudos textuais, os estudos de alimentação e cultura, e os estudos de gênero e sexualidade. Suas publicações sobre alimentação incluem um livro didático sobre cultura alimentar no mundo hispânico, *Comida y cultura en el mundo hispánico* (2017), além do volume coeditado *Food, Texts and Cultures in Latin America and Spain* (2020) sobre alimentação na literatura e na cultura latino-americana e espanhola. Publicou recentemente vários artigos sobre o tema da raça e a diferença religiosa em textos medievais espanhóis.

Frank Padrón

Formado em Filologia pela Universidade de Havana, é crítico de artes, ensaísta, narrador, poeta e comunicador audiovisual. Em 2018, recebeu o Prémio Nacional de Jornalismo Cultural em Cuba. Autor de vários livros, entre eles se destacam *Co-cine: El discurso culinario em la gran pantalla* (2011); e *El cocinero, el sommelier, el ladrón y su(s) amante(s)* (2017), em torno das relações entre a gastronomia e outras artes, com os quais obteve dois prêmios Winner na categoria de Literatura Alimentar no prestigiado concurso Gourmand World Cookbooks Award em Madrid, Espanha. Edita sua própria página de crítica culinária: Gastrocuba.

Giovanni Comodo

Crítico de cinema, cineclubista, programador e pesquisador, mestre em Cinema e Artes do Vídeo pela Universidade Estadual do Paraná. Integra a equipe de programação do Cineclube do Atalante na Cinemateca de Curitiba desde 2018, e é fundador e mediador do Clube do Filme do Atalante, encontro mensal dedicado à discussão de filmes e textos. Fez parte das equipes de programação do Cineclube Cerejeira e do CineFAP (2015-2018). Escreve para publicações no Brasil e exterior.

Otávio Augusto de Oliveira Moraes
Doutor em Literatura pela Universidade Federal de Minas Gerais. Atualmente é pós-doutorando em Literatura Brasileira pela Sorbonne Université. Atua como editor na *Revista Cupim*.

Patrícia Mourão de Andrade
Ensaísta, curadora de cinema e pesquisadora. Pós-doutoranda no Instituto de Artes da Universidade Estadual de Campinas (Unicamp), com bolsa Fapesp, tem pós-doutorado pelo Departamento de Artes Visuais da Universidade de São Paulo (USP), e doutorado em cinema pela mesma universidade, com bolsa sanduíche na Columbia University. Sua pesquisa versa sobre as relações entre arte e cinema. Publicou em revistas como *Film Quarterly*, *Crisis and Critique*, *Framework Journal* e *Zum*.

Rodrigo de Almeida Ferreira
Doutor em Educação e Mestre em História pela Universidade Federal de Minas Gerais, bacharel licenciado em História pela PUC-Minas. Professor na Faculdade Educação da Universidade Federal Fluminense, onde também integra o Programa de Pós-Graduação em Ensino de História e o Laboratório de Ensino de História da Faculdade de Educação.

Susana Souto
Professora Associada da Faculdade de Letras da Universidade Federal de Alagoas, onde atua na graduação e na pós-graduação. Doutora em Estudos Literários pela Ufal, mestre em Literatura Brasileira pela Universidade de São Paulo. É líder do grupo Poéticas Interartes. Organizou os livros *Literatura, Arte e Feminismos* (2021) e *Literatura, estética e revolução* (2018), com Adriana Barbosa; *Trilhas do humor na literatura brasileira*, com Herbert Nunes de Almeida Santos (2012); e o Dossiê Glauco Mattoso da *Revista Texto Poético* (ANPOLL, 2017), com Steven Butterman (University of Miami). Publicou capítulos de livros e artigos em revistas acadêmicas.

Teodoro Rennó Assunção
Mestre em Letras Clássicas pela Universidade de São Paulo e doutor em História e Civilizações pela Escola de Estudos Avançados em Ciências Sociais (Paris). Professor Associado de Língua e Literatura Grega Antiga na Faculdade de Letras da Universidade Federal de Minas Gerais, foi editor e coeditor da revista *Nuntius Antiquus* (2011-2020) e coorganizador do livro *Ensaios de retórica antiga* (2010). Além de ter escrito os poemas de *Restolho & Necrológio* (1997), é, sobretudo, um escritor de prosa nos gêneros do ensaio, da autobiografia e do conto, tendo publicado quatro livros: *Ociografias* (1993), *Ensaios de escola* (2003), *Autociografias* (2006) e *Extra-vacâncias* (2008).

Este livro foi composto com tipografia Adobe Garamond Pro
e impresso em papel Off-White 80g/m² na Formato Artes Gráficas.